ELSY FORS

COSAS DE FAMILIA

EDITORIAL LETRA VIVA
CORAL GABLES, LA FLORIDA

DEDICATORIA

A los seres queridos vivos y ausentes,

A la familia de aquí y de allá,

A los que me impulsan y también a mis oponentes

COSAS DE FAMILIA

ÍNDICE

DEDICATORIA 3
ÍNDICE 5
INTRODUCCIÓN 7

CAPÍTULO I: LA FAMILIA 11

GENEALOGÍA 13
LAZOS LEJANOS 32
PREMONICIÓN 35
LECCIONES Y DECEPCIONES 43
TERROR EN LOS MUELLES 49
TRES ERAN TRES 52
DE HIJOS Y NIETOS 61
DE ESPOSOS Y YERNOS 71
DE PRIMOS Y SOBRINOS 81
NOSTALGIA DE PLAYA 85
PRIMERA NAVIDAD EN LIBERTAD 90
MASCOTAS DE LA FAMILIA 95
AMIGOS PARA SIEMPRE 102
A LA MESA 109

CAPÍTULO III: CONSEJOS DE VIDA 112

DEL TRABAJO 114
DEL AMOR 117
DEL DINERO 121
DE LA SUERTE 123
LLEGAR A VIEJO 125

COSAS DE FAMILIA

INTRODUCCIÓN

La familia, como han comprobado estudiosos de la evolución humana, es el núcleo básico de nuestra vida en sociedad. Por eso es a partir de ese colectivo que cada civilización cultiva valores o defectos. La familia cubana no escapa a esa premisa y de ahí mi interés en exponer una radiografía de lo sucedido en el período 1952-2013 en mi familia.

En este libro que recién comienzan a hojear, no encontrarán notas a pie de página, tablas, gráficos ni lista bibliográfica. La pretensión de esta autora no ha sido despreciar esas herramientas tan útiles, sino priorizar la narración, hacerla lo más fluida posible, aunque sin apartarme de la realidad, revelando las fuentes, con respeto a la exactitud en datos y fechas.

Quizás sobresalga en la escritura mi profesión de periodista. La obra trata básicamente de anécdotas familiares y mis vivencias, ofreciendo también consejos que se derivan de experiencias personales, todo lo cual he puesto en el contexto de una época en la historia de Cuba.

Convulsa, porque este período ha implicado derrumbes de viejas estructuras y surgimiento de otras nuevas. Estos años en Cuba, que abarcan poco más de seis décadas, han formado una sociedad que no es la mejor, pero sí más solidaria y equitativa que otras, está en permanente construcción, con el objetivo de alcanzar el desarrollo que satisfaga las aspiraciones económicas y espirituales de este pueblo.

Como se expresa en una parte del texto, el concepto de lo real maravilloso, desarrollado por escritores, pintores, reflejado en la filmografía y la música de la Isla, hace que las cosas no sean lo que se ve a simple vista. La explicación hay que buscarla mucho más adentro.

El ADN del cubano, según se ha descubierto recientemente, es una mezcla de muchas etnias. La investigación mencionada ha confirmado lo escrito, entre otros, por Alejo Carpentier, don Fernando Ortiz y nuestro poeta nacional Nicolás Guillén, sobre ancestros indígenas, africanos, europeos y asiáticos. Todos somos mestizos.

La idiosincrasia de este pueblo y los mecanismos que lo hacen resistente ante la adversidad, porque es emprendedor, innovador, independiente, y su rechazo a cualquier dominio foráneo, explican actitudes y decisiones que toma individual y colectivamente.

En este lapso, se han fortalecido rasgos encomiables y han surgido otros indeseables que ahora se busca eliminar. La identidad nacional ha sido, en mi modesta opinión, el arma secreta de esta isla caribeña que, pese a errores y carencias, ha permitido el triunfo y la permanencia de una revolución frente a acciones enemigas en los últimos 60 años.

Escribo estas memorias con la aspiración que puedan servir de referencia a los más jóvenes de la familia que no han tenido abuelos a tiempo completo para contarles estas historias y quizás también con la esperanza que sean útiles a los que emprendan investigaciones históricas de esta época.

También, y sobre todo, que sirvan estas páginas para alertar sobre la reparación capital que requiere con urgencia la familia cubana y la necesidad de fortalecer esta institución en la modernidad.

Marzo de 2014.

COSAS DE FAMILIA

CAPÍTULO UNO

LA FAMILIA

GENEALOGÍA

Mi familia no tiene nada de extraordinario, no tenemos héroes ni próceres reconocidos, científicos ni intelectuales de renombre. Quizás por falta de tiempo para investigar más atrás del siglo XX, no haya encontrado huellas trascendentes de los Fors, Sánchez, Garzón y Benito. Lo que sí puedo atestiguar es la unidad de este núcleo, que rencillas temporales, creencias religiosas o políticas, no han podido vencer al amor que se tienen sus miembros, tanto los que residen en Cuba como fuera de ella.

Entre los papeles más antiguos de la familia, encontré una litografía del cementerio Cristóbal Colón de La Habana, hecha a finales del siglo XIX o principios del XX, donde, se muestra el panteón de la familia Márquez, dueños de la Fábrica de Magnesia producto inventado por uno de sus miembros, registrada en 1830 y recomendada para tantas dolencias que sería considerada una panacea en esa época.

Esos Márquez casaron a su hija Ana Rosalía Márquez con Francisco de Asís Sixto Fors, padre de mi abuelo paterno, José Francisco Antonio Fors, quien esposó a Modesta Sánchez y años después abandonó a sus cinco hijas y único varón, Alfredo.

Mariano y Teresa

Al igual que miles de emigrantes españoles que

llegaron al Nuevo Mundo a inicios del siglo XX, mi madre Emilia Garzón Benito, de apenas cinco años, vino de la aldea de Boada, provincia de Salamanca, en 1920, en el vapor Alfonso XIII, acompañada de su madre Teresa y la hermana de meses, María de los Sucesos.

Su padre Mariano las había antecedido, para asegurar empleo y vivienda antes de mandarlas a buscar. En La Habana, mi abuelo trabajaba con el tío de apellido Corral, quien ocupaba una casa bien montada en Santa Catalina y Juan Delgado, en la Víbora, con su esposa e hijos.

Después de participar en la Primera Guerra Mundial con otros reclutas españoles que pelearon en Francia, Mariano, como otros miles de castellanos, vino buscando hacer fortuna y muy pronto aprendió el oficio de sastre en el taller propiedad de su tío, dedicado a abastecer de uniformes al ejército cubano.

Pero la sastrería no era su objetivo final. Años después logró montar su propio negocio, una zapatería, donde no sólo confeccionaba calzado a la medida, sino también lo reparaba. Como yo misma pude apreciar, las sandalias y zapatos que fabricaba eran tan suaves y cómodos que sus clientes agradecían sus habilidades de artesano.

Por ardua que fuera su labor, Mariano prefirió siempre trabajar solo, él buscaba los materiales, recibía los pedidos y hasta podía en ocasiones ir a probar el calzado de algún anciano en su propia casa. Si alguien protestaba por la demora en cumplir el pedido, les decía con franqueza que fueran con otro zapatero.

Para esa época vivían él y mi abuela en Pasaje
Este No.22, entre Lacret y General Lee en una
modesta casa de dos cuartos, sala, cocina de carbón y nevera con una piedra de hielo que compraban diariamente al vendedor ambulante.
Aunque luego y por insistencia de mi madre,
fueron entrando algunos efectos electrodomésti-
cos a casa de Mariano y Teresa, ellos nunca hicieron uso de créditos ni compras a plazos.

Por lo cerca que quedaba su taller de la casa de
mis padres, pienso que la ubicación del taller de
calzado fue escogida después del matrimonio de
mis padres, en 1940, cuando fueron a vivir a la
casa de los Fors en Santos Suárez 307.

Mi abuelo nunca enfermó, salvo de catarro. Era
terco, decidido y tan metódico en sus costumbres
que abría el taller antes de las ocho de la mañana, luego de pasar por la iglesia "La Mila-
grosa". A las 11 de la mañana detenía su labor,
iba a la panadería "La Ceiba" en Serrano y Santos Suárez, compraba una flauta de corteza dura
y luego se dirigía al bar de Perico en la esquina
de mi casa, por una cerveza. Entraba siempre a
eso de las 11:30 a mi casa para almorzar lo que
le sirviera mi madre, ya que lo que ella cocinara
estaba bien para él. Todo se resumía en una
frase muy simpática: "Very well, fandango".

En política era ecléctico como otros españoles
de la época, franquista en lo referente a España,
pero progresista como mi padre cuando se tra-
taba del escenario político cubano. Antimperialista e independentista, con brochazos revolucio-
narios después de triunfar la Revolución en
1959, así era mi abuelo.

Años más tarde, cuando los servicios personales privados se concentraron y a él le propusieron ir a trabajar junto a otros reparadores de calzado, él se negó. Escribió a Celia Sánchez, cuando esta aún fungía como secretaria de Fidel y en su carta de respuesta, que Mariano mostraba con orgullo, le decían que podía mantener su taller y se le asignarían algunos materiales para su trabajo.

Después de la muerte de mi padre, mi abuelo se acercó aún más a su hija mayor y sus nietas, sintiéndose responsable de nosotros. Sobre todo a mi hermana más pequeña quien quedó al amparo de él y de Teresa, solía satisfacerle sus caprichos. Yo envidié en ocasiones a la más pequeña porque lograba que el abuelo estuviera atento a sus antojos. Sin embargo, para ser honesta, él también cumplió algunos de mis deseos, como pagar el plazo de entrada de una excursión a la URSS y Checoslovaquia en 1962, además de contribuir a la compra de mi primera moto en 1963 y primer automóvil en 1966.

Mi abuela Teresa no solía expresar su amor por mi abuelo y por nosotras en muchos abrazos y besos, pero sí a través de sus manjares. Recuerdo su sobresaliente tortilla española, con papas cortadas en lascas finas y crudas, con cebolla y perejil, que se podía comer caliente o fría. La paella en vasija de barro, el caldo gallego y el cocido de garbanzos que también merecían haber sido premiados en un concurso culinario.

Sólo después de los 60 se descubrió que mi

abuela padecía diabetes y aunque nos preocupamos por vigilar su dieta, las emociones le hacían más daño que los dulces. Las golosinas que le regalaban solía esconderlas en su escaparate para disfrutarlas a solas o repartirlas a sus nietas. En septiembre de 1960, después de una caída tonta, acaecida en el patio de mi casa, que le dejaron sí algunos moretones que la preocuparon hasta el punto de hacerla caer en un coma diabético, del cual no pudieron sacarla los médicos del hospital Clínico Quirúrgico Joaquín Albarrán frente a la Ciudad Deportiva..

Siete años más tarde, a mi abuelo se le presentó un cáncer de próstata. Al recordar esa etapa, pienso que debió sufrir más por lo recatado que era y la urgencia de orinar a cada rato, que por los dolores de esa enfermedad. Mi madre no quiso que lo operaran porque el cáncer estaba en un estadío avanzado, lo que él agradeció. Mariano murió un 14 de mayo de 1968, en el Policlínico Santos Suárez, en Cocos y Rabí.

Modesta

Mi abuela por parte de padre tuvo una niñez pegada al surco de una vega de tabaco y su esposo abandonó a la familia cuando eran cinco hembras y un varón. José Francisco Antonio Fors y Márquez, mi abuelo, se fue buscando fortuna a Venezuela y nunca más se supo de él. Mi padre, por ser el más pequeño, casi no lo conoció. Modesta y su cuñado Julián se hicieron cargo de una familia de cuatro hijas hembras (la quinta había muerto al llegar a la pubertad), y un varón, mi padre. El tío Julián, después de mucho batallar y endeudarse, logró terminar en 1920 la casa en la que vivo.

Julián era profesor en la Universidad de La Habana, empleo en aquel tiempo de mucho prestigio y poca paga, provocando muchas privaciones para la familia, sobre todo en épocas cuando el salario de Julián llegaba con meses de atraso. Sólo el tamaño y la elegante estructura de la casa denotaban una holgura económica que no existía en realidad. Corrían años de depresión y la dictadura de Gerardo Machado. La alimentación a base de harina de maíz, arroz con frijoles o ajiaco, hizo que regañaran a veces a mi padre por apartar algo que no le gustaba. Por eso al casarse con mi madre, impuso una regla, que aunque simpática, era definitiva: se podría poner a la mesa de todo, menos harina de maíz.

Modesta quizás fue la única de la familia sin aires de aristócrata, habiendo sido hija de campesino isleño en Paso Real de San Diego, Pinar del Río. Sabía lo que era el trabajo duro en una vega de tabaco. La recuerdo a veces disfrutando de un habano y cocinando los mejores ajiacos, con bolas de maíz y plátano pintón, con tasajo o cabeza de cerdo y muchas viandas, así como sus buñuelos de yuca, dulce tan olvidado como autóctono.

Se le hicieron más tristes los días después de la muerte de mi padre y creo que esa circunstancia la acercó más a nosotras y a mi madre. Me acompañó en mi primer viaje a Estados Unidos en 1953, cuando mi tía Mercedes se haría cargo de mí después de la muerte de mi padre.

Modesta acostumbraba viajar una o dos veces al año a Estados Unidos. Poco después del triunfo de la Revolución en Cuba, en 1960 viajó a Miami a ver a mi tía Mercedes con la idea de quedarse 29 días, plazo de permiso otorgado entonces por el gobierno cubano, acosado ya por las administraciones de Estados Unidos.

Por el contrario de la mayoría de los viajeros, ella quiso regresar luego de los 29 días, pero nuevas disposiciones debido a las fricciones ya existentes entre ambos gobiernos, no se lo permitieron. Me escribió mi abuela sobre su angustia por regresar y me pidió que tratara de gestionar un permiso de regreso con las autoridades cubanas.

Sin saber cómo iba a emprender la encomienda, me dijeron en la Universidad que la persona indicada era el Capitán Aldama, entonces jefe del Departamento Técnico de Investigaciones (DTI). Le expliqué al oficial que mi abuela hacía viajes frecuentes a ver a la hija y que por su avanzada edad, temía que el disgusto de no poder volver a casa dañara su salud. El oficial entendió mis razones y quizás también verificó en los registros de pasaportes que era así como le conté.

Al buscarla en el aeropuerto de La Habana, poco tiempo antes de la invasión a Playa Girón, nos abrazamos con lágrimas en los ojos y le dije bajito que tendría que dejar de viajar para no pasar por esta situación nuevamente. Me aseguró que nunca más saldría del país por el susto que pasó.

Pero el mundo continuó girando y mi familia

por parte de padre no siguió el curso de la Revolución. Mi tía Mercedes reclamó a la familia para que se reuniera con ella en Miami, excepto a una prima segunda, Minerva, quien vivía en la casa de la familia y sólo aspiraba a que la reclamaran. En enero de 1969, viajaron a reunirse con Mercedes, mi tía Hortensia (Nená) viuda; su hija de igual nombre y chiqueada Cuqui, de 32, quien recién se había divorciado y tenía dos hijos, un varón, Gustavo, y una hembra, Tayra, de 6 y 2 años, respectivamente.

Mi prima Hortensia me llevaba ocho años y la habilidad que siempre admiré en ella era lo bien que tocaba el piano, sobre todo obras de Lecuona (El Escorial y Malagueña) Claro de Luna de Debussy, así como polonesas de Chopin y otras de Liszt. Dio su primer concierto a los 9 años como discípula del Conservatorio Raventós, cuya sede estaba al doblar de la casa en Santa Emilia y Durege.

No obstante sus capacidades artísticas, me confesó que había aprendido el instrumento obligada por sus padres y mucho antes de marcharse de Cuba se deshizo del piano. De ahí surgió en mí el sueño que no importara lo viejita que fuera, yo iba a aprender a tocar el piano.

En su última carta a mi madre, Modesta le decía cómo Gustavo y ella extrañaban sus cuidados y los platos que preparaba. Apenas un año después de haberse marchado, mi abuela murió, dicen que de cáncer de hígado y yo digo que la tristeza apuró su deseo de dejar este mundo.

Cuando se levantaba con el espíritu patriótico

en la mente, con orgullo hacía los cuentos de haber visto a los mambises liderados por Maceo en su paso hacia Mantua, Pinar del Río, durante la Guerra de Independencia, así como de haber escuchado sobre Martí cuando vivió recién casada en Cayo Hueso, EE.UU., donde nacieron mis tías Mercedes y María Julia.

Por eso Modesta siempre se llevó tan bien con mi madre. Al partir junto a tres de sus hijas, la nieta y sus biznietos, hacia Estados Unidos en enero de 1969, tuve la certeza que sería la última vez que nos veríamos.

A mi madrina Ofelia le agradezco el afán de superación que me transfirió, su cultura y consejos en mi adolescencia. Sentía admiración por ella, por su carácter independiente y la defensa de los derechos de la mujer, pero Ofelia fue involucionando ante mis ojos hasta perder esas cualidades de raciocinio que conocí en ella.

Murió muy ancianita de casi 100 años en Miami, cuidada por una persona pagada, ya que desconfiaba de todos los miembros de la familia, fueran jóvenes o viejos. Solo la hija de Hortensia, Tayra, la llevaba algún que otro fin de semana para su casa. Su único hijo, José Antonio, había fallecido antes.

A mi hermana Elina la invitaron de visita en 1991. Ya habían muerto mi abuela y mi tía Mercedes, pero pudo alcanzar a ver con vida a Nená, quien falleció al año siguiente. Los hijos de mi prima, Gustavo, el mayor, tenía 28 y Tayra o Illy como la moteábamos de pequeña, cumplió 25, en fin, que Elina disfrutó días de felicidad y despedida.

Después de Nená, murió en 1998 el mayor de

sus nietos, Gustavo, con apenas 35 años, quien se suicidó por causas que aún desconocemos. Sospechamos que pudo sufrir una profunda depresión por alguna patología que le diagnosticaran como cáncer o SIDA, que lo hizo tomar la fatal decisión. La tragedia y la culpa que su madre Hortensia se otorgó a sí misma por esa decisión del hijo, que ya vivía separado de la familia, empeoraron la salud de mi prima. Afecciones cardíacas la obligaron a estar en una lista de trasplante de corazón cuando la sorprendió la muerte un 31 de diciembre, dos años después que su hijo.

En una de nuestras últimas comunicaciones, traté de convencer a Cuqui de tratarse aquí, incluso de hacerse el trasplante de corazón si fuera necesario, pero como muchos cubanos en situaciones similares en el exterior, no se atrevió a confiar en los adelantos de la medicina cubana.

Alfredo y Emilia

El matrimonio de mis padres duró apenas 13 años, pero todos mis recuerdos de esta relación es que fue una felicidad compartida. Se casaron sólo por lo civil, no tanto por no ser religiosos, sino por falta de recursos para la ceremonia.

Al principio vivieron en la casa paterna, pero pronto Alfredo, con lo que ganaba como pagador en los muelles de Atarés, expandió la construcción del garaje de la casa, agregando cocina, baño y dos cuartos, remodelación que duró dos años.

Cuando ya había nacido yo y mi madre estaba embarazada de Elina, a principios de 1946, la pareja tuvo desavenencias causadas por los celos y envidia de una de las hermanas de mi padre, María Julia, quien hizo todo por separarlos. Por este motivo, mi madre hizo certificar que su estado de gravidez era de su unión con mi padre. Poco tiempo después, mi padre buscó a mi madre en casa de la hermana de esta, Suceso, se disculpó y le pidió a mi madre que volviera a la casa que ya había terminado para ponernos a buen resguardo de las intrigas familiares.

Aún en casa aparte, mi padre no escapó a las maniobras de María Julia, apodada Yuya, quien trabajaba a la sazón en una oficina del Ministerio de Gobernación y se tomaba el trabajo de llamarlo a casa de mi abuela siempre sobre el mediodía, cuando mi padre iba a almorzar, para que mi madre creyera que era algún amorío de Alfredo.

En las breves ocasiones que entré al cuarto de la tía Yuya, me dio la sensación que así debían verse y oler las guaridas de las brujas de los cuentos infantiles. Tuvo la crueldad cuando volvía del trabajo un día y Elina y yo corrimos a abrazarla, de extender sus brazos hacia mí, mientras echaba a un lado a mi hermana. Sorprendente actitud si se tiene en cuenta que cuando nací, no quiso verme hasta meses después.

Mi padre soñaba haber sido oficial de la Marina y como no alcanzó a realizar su sueño, buscó trabajar en los muelles. En Atarés lo emplearon como pagador para usar sus conocimientos de contabilidad. Allí se comprometió con la lucha

sindical junto al líder de los trabajadores por-
tuarios, Aracelio Iglesias. También simpatizó
con el Partido Ortodoxo y sobre todo con
Eduardo Chibás, quien hacía alocuciones radiales de una gran audiencia y llamaba a sus segui-
dores a la lucha por hacer prevalecer su moto de
"vergüenza contra dinero".

Cuando decidió abrir un negocio propio, alquiló
la casa que construyó en el garaje de la vivienda
familiar a un matrimonio amigo y rentó otra a
la entrada de San Francisco de Paula, aledaña a
un terreno pequeño donde construyó una forrajería, tienda para la venta de alimentos de animales e insumos agrícolas. El comercio al que
nombró "Granja Elsy", se hizo de una clientela
que si bien a veces demoraba en pagarle, recono-
cía su trato amigable y honesto.

Otra cosa bien distinta eran las prácticas co-
rruptas de los abastecedores. Una vez le dieron
a criar lotes de pollos que esas empresas traían
con más de 48 horas de nacidos sin darle alimento o con defectos, para luego comprárselos
ellos mismos a muy bajo precio y venderlos para
la alimentación de pacientes en hospitales,
donde no era importante para ellos que fueran
aves sanas y con el peso requerido.

La muerte de Chibás y el golpe de Estado de
Batista desilusionaron mucho a mi padre del escenario político nacional. En ese entorno murió
el 26 de septiembre de 1952. Todo lo que no nos
contó entonces, lo supimos de mi madre después,
quien trató siempre de inculcarnos los principios
que guiaron a mi padre. En su tumba, Emilia

puso una lápida con la inscripción: "Tu esposa e hijas seguiremos siempre lo que tú nos enseñaste."

Hasta una edad muy avanzada, Emilia nunca olvidó detalles de su casa natal en España, a pesar de sus pocos años cuando la abandonó para viajar con sus padres a Cuba. Esto lo pudo corroborar el hijo de una prima de mi madre que vino a La Habana y buscó nuestra dirección a finales de los años 90.

Por el primo Justi Hernández, pude conocer que toda la aldea de Boada, junto con su alcalde, quiso emigrar hacia Argentina en los años 20 del siglo XX, cuando la depresión y la Primera Guerra Mundial hizo pensar a sus pobladores en esa opción, arrastrados por el afán de supervivencia. Del insólito episodio me regaló un libro publicado en España y que guardo conmigo.

Justi, quien en 1998 era jefe de la oficina de correos de Boada, se quedó sorprendido por la exactitud de la descripción que le hizo mi madre y que años más tarde yo pude fotografiar en una visita que hice a esa aldea por cortesía del entonces corresponsal de Prensa Latina en Madrid, Rafael Calcines y su esposa.

Tanto mis abuelos como mi madre inculcaron en nosotras el amor por la patria que ellos dejaron atrás. Aunque no pertenecimos hasta los años 90 del siglo XX, a ninguna sociedad española, sí nos hablaron mucho de las costumbres, bailes y la cocina española. Mi hermana Coqui tomó clases de baile español llevada por ellos.

Las mayores alegrías que tuvo mi madre en sus últimos años fueron las actividades organizadas por la Sociedad de Castilla y León, región a la que pertenece Salamanca, donde somos miembros mi hija, yerno, nietos y yo.

En cuanto a su educación, Emilia terminó el octavo grado e ingresó en la Escuela Normal para Maestros, pero cerraron ese centro durante la tiranía de Gerardo Machado y tuvo que escoger un oficio más práctico, el de secretaria u oficinista, para lo cual terminó estudios de mecanografía y taquigrafía.

Después de haber sido la más pequeña de su clase en la primaria, Emilia se convirtió en una bella joven. En sus salidas a bailar en el Club San Carlos de Santos Suárez, conoció a mi padre.

No obstante el mucho amor que enseguida se profesaron, Emilia pasó de la tiranía paternal a la del novio Alfredo. Tampoco los conocimientos de oficinista le sirvieron para independizarse económicamente, ya que trabajar "en la calle", como se solía decir por aquella época, era considerado indigno de una joven "de su casa". A esa negativa se unió la de Alfredo, con quien contrajo matrimonio en 1940.

Sus sueños de magisterio y quizás hasta de pintura, (dejó una bella naturaleza muerta de frutas que presidió el comedor de la casa de sus padres hasta la muerte de ambos) se esfumaron y sólo le quedó la opción de la costura. Se mantuvo como modista y no cualquier remendona, porque confeccionó desde vestidos de novia y trajes de noche, hasta manteles y sobrecamas tejidas.

Cosió toda la canastilla de sus hijas, confeccionó batas hasta del percal floreado de los sacos de pienso que llegaban a la forrajería y vestidos para toda la familia. Nunca le faltó demanda para la costura como tampoco para la cocina, ya que muchos vecinos le encargaban hacer pudines, flanes y tortas. Todos nuestros cumpleaños gozaron de toda serie de chucherías hechas por sus bendecidas manos.

En el barrio era tan querida que ejerció el cargo de Presidenta del Comité de Defensa de la Revolución durante 20 años, uniendo en torno a las tareas de vacunación y pesquisas de salud, vigilancia, educación y la preparación de fiestas de la cuadra, a todos los vecinos, integrados o no a la Revolución.

Por las exigencias de mi trabajo y algunos viajes, mi madre estuvo más tiempo cuidando de mi hija que yo misma y siempre la envidié por eso. Así trató de hacer con los demás nietos, cosiendo ropa que ninguno quería ponerse porque las modas cambian, pero recibiendo eso sí con mucho entusiasmo todo lo que les cocinaba la abuela.

De las hermanas de mi madre, Mariana, la más joven, se dedicó a la peluquería y mi padre la ayudó a montar un salón en un apartamento alquilado en Santa Catalina, que también le servía de vivienda a su familia de cuatro, hija e hijo y esposo.

Suceso y su esposo Lorenzo Piñeyro, emigraron a Venezuela a finales de la década del 40 y en otra anécdota cuento su visita en el primer fin de año luego del triunfo revolucionario. Ella sólo logró tener una hija después de ocho años de matrimonio. Carmen Teresa, quien se casó y formó su propia familia, creo que tuvo dos hijos.

Sólo la conocimos en el viaje que hicieron mis

tíos luego de la muerte de mi padre. Contemporánea de mi hermana Coqui, Carmucha como le llamaban mis tíos, era traviesa y de mente muy ágil. Sentada a la mesa un día para almorzar, ella rápidamente engulló su ración de plátanos maduros fritos, miró a su alrededor y vio que Coqui había dejado uno para el final. Se acercó a ella y suavemente le dijo que la dejara mirar su platanito. Mi hermana, ingenua, bajó la guardia y Carmucha, como un rayo, arrebató y engulló en un solo movimiento el ansiado platanito, haciendo que todos los presentes, menos Coqui, rompieran a reír a carcajadas.

En un viaje que pasé de tránsito por Caracas pude hablar con mi tío Chicuelo, pero Carmen Teresa vivía en otra ciudad. Luego sólo tuve contacto con ella cuando me pidió un certificado de matrimonio de sus padres para hacer en Caracas una reclamación del apartamento en que vivió la familia. Luego no volví a saber de ella y sólo a través de terceras personas conocimos de su deceso.

Historia de un apellido

Por ser un apellido poco común en Cuba, siempre tuve la curiosidad acerca de la procedencia de Fors. Recuerdo que mi abuela y mi padre decían que ese apellido era de origen catalán. Sin embargo, estando en Suecia una vez me comentaron amigos de ese país que este era de origen sueco, que significa "corriente".

He conocido ramificaciones de los Fors en varias regiones de Pinar del Río, como Paso Real de San Diego (de ahí provenía mi abuela), San Cristóbal, Los Palacios y Mantua, pueblo natal de Irene Fors, a quien conocí en el Ministerio de Relaciones Exteriores, como Directora de Organismos Económicos Internacionales en los años 2000.

Otros Fors proceden del centro del país, Villa Clara, donde nació el doctor Emilio Fors Silva, a quien conocí en el policlínico de mi barrio y luego estuvo en la dirección provincial de Salud de La Habana.

El más tristemente célebre de los Fors, de los que tengo información, mencionado alguna vez por mi familia, fue Alfonso L. Fors, surgido como figura relevante durante la dictadura de Gerardo Machado (1925-1933). Desde el cargo de Jefe de la Policía Judicial, se dice que empezó a aplicar en el país las técnicas de investigación criminal, como el análisis de huellas dactilares y análisis anatómicos de los delincuentes, método este último hace tiempo desechado.

Algunos historiadores señalan que estuvo involucrado en acciones que condujeron al asesinato de Julio Antonio Mella en México. Lo cierto es que cuando las protestas populares obligaron al tirano Machado a huir en agosto de 1933, junto con él salieron rumbo a la República Dominicana, su familia y colaboradores más allegados, entre los que dicen figuró Fors, quien llegó a organizar, según algunos autores, la policía secreta del dictador Rafael Leónidas Trujillo y fue muerto en un atentado el 18 de octubre de 1953.

Según el historiador Rafael Rojas, en 1930, Rubén Martínez Villena cuenta a su esposa Chela en cartas desde el sanatorio de Sajum en la URSS, sus sueños, todos felices (por efecto, dicen, de medicamentos contra la tuberculosis, como la morfina) en los que el poeta y el político ejercen a plenitud sus virtudes.

Sueños en los que lo anormal –la dictadura de Machado, la condena a muerte, el exilio- se vuelve normal: con escenas apacibles en su casa del Vedado, donde habla sobre la Conferencia de los Partidos o charla amenamente con su persecutor, el Jefe de la Policía machadista Alfonso L. Fors.

Otro investigador dice que en el complot para asesinar al fundador de la Federación Estudiantil Universitaria (FEU) y el Partido Comunista, Julio Antonio Mella, participó José Magriñat, quien como agente encargado de la ejecución del plan, señaló la víctima a los asesinos. Magriñat murió ajusticiado en La Habana, el 13 de agosto de 1933.

Otro fue Francisco Rey Merodio, agente especial de la policía de Machado, confidente de la Embajada de EE.UU. en Cuba, quien espiaba a Mella en las filas de la Liga Antimperialista. Rey Merodio murió asesinado el 2 de septiembre de 1943. También menciona esa fuente a Alfonso Luis Fors, "también cubano y organizador de la policía secreta del dictador dominicano Rafael Leónidas Trujillo, Fors resultó muerto a consecuencia de un atentado, el 18 de octubre de 1953."

De este controvertido personaje surgió, sin embargo, una familia que se apartó de esa historia de crimen y corrupción, pues Alfonso Luis tuvo un hijo homónimo que se graduó de Ingeniero Agrónomo y dos nietos: uno también nombrado Alfonso Luis y otro dedicado a las artes plásticas y la música, José Fors, a quien contacté por correo electrónico en agosto de 2013 y reside en Guadalajara, México.

La inconmensurable Internet me mostró otro Fors, José Manuel, pintor y fotógrafo, quien vive en el reparto Casino Deportivo de la capital cubana. A este Fors todavía no lo he conocido en persona, al término de este texto, pero tengo el firme propósito de hacerlo. En la portada del catálogo de una exposición personal suya en Couturier Gallery de Los Angeles, EE.UU. (2000) aparece una de sus obras titulada "En el círculo de la Familia", confeccionada con miles de fragmentos de fotos familiares. Como cualquier núcleo humano, pienso que siempre hay miembros que desmerecen el apellido y otros que al menos intentan hacerle honor. Conmigo y mis dos hermanas desaparecerá el apellido Fors de esta familia, pero perdurará en otras partes del país y del mundo.

LAZOS LEJANOS

En España

Los abuelos Mariano y Teresa nunca pudieron regresar a España ni de visita, lo que aumentó su añoranza, y trataron de suplir la lejanía con la correspondencia. A la familia que quedó en España, Teresa escribía con frecuencia y en cada carta les enviaba un peso cubano o un dólar que en la primera mitad del siglo XX eran equivalentes.

Por insignificante que nos parezca a estas alturas del siglo XXI, esas magras remesas significaron mucho para los que quedaron de la familia en España. Así lo confirmó el hijo de una prima de mi madre, Justi Hernández, quien vino buscándonos a La Habana, guiado por la dirección en una de las últimas cartas recibidas.

Justi, quien llegó a ser jefe del puesto de correos de la aldea de Boada donde naciera mi madre, nos contó que la humilde ayuda contribuyó a paliar la hambruna de la familia en la época de la Guerra Civil española. Por eso los españoles, dice, deben ayudar a sus descendientes en Cuba. En esos años, el desgaste provocado por la desnutrición provocó la muerte de una prima que vivía en Madrid en esos años, recordó Justi. Después de una grave enfermedad, Justi decidió viajar a Cuba en busca de su tía, quien había seguido escribiendo a su madre y le había contado del fallecimiento de mis abuelos.

Para mayor casualidad, Justi encontró el amor que lo libró de su larga soltería. La camagüeyana Berta, de descendencia haitiana, cautivó al castellano. Por su parte, Berta, de modales suaves y agradable imagen, encontró su alma gemela en el español. De turista, Justi pasó, en poco tiempo, a ser jubilado del servicio de correos y esposo de Berta, con residencia en La Habana. Aunque pasan el verano en España, con la hermana Maria Antonia y su sobrina, Justi y Berta están la mayor parte del tiempo en la Isla.

El status de residente no permanente de Justi, que lo obliga a salir al exterior y regresar para poder renovar su visa, le ha dado a la pareja el pretexto de conocer Cancún, Puerto Príncipe y Santo Domingo.

En Estados Unidos

De los Fors que emigraron a Estados Unidos, desapareció el apellido con la muerte de mis cuatro tías. La última fue Ofelia, quien murió en 2011. Antes que ella, fallecieron mis primos José Antonio Quintana y Hortensia Beruff. Sólo queda la hija de Mercedes, Ana Joy Fors, nacida en 1926 y por lo tanto muy anciana, de la que hace algunos años no tenemos noticias. La última en ver vivas a mis tías Nená y Ofelia fue Elina, a quien invitaron a visitar Estados Unidos en 1991. Ella vio también a Anita, pero el vínculo más fuerte fue con mi prima Cuqui y sus hijos.

La hija de mi prima Hortensia, Tayra, se casó con Terry Siddiqui, descendiente de paquistaní de cuya unión tuvieron dos varones. Ella se ocupa en un programa de la Universidad de Miami que atiende a niños con problemas de salud, y el esposo es profesor de mantenimiento de aviones y ha escrito dos libros, usados como texto en algunas universidades.

Los Quintana, hijos de José Antonio y nietos de Ofelia, son cuatro varones: Junior, Marcos, Jorge, Roberto y una hembra Lily, quienes viven en Nueva York y formaron sus propias familias. Con ellos no he logrado comunicarme, pero estoy al tanto de ellos por Tayra. Ellos y Tayra mantienen un estrecho contacto, visitándose mutuamente según la estación del año. Los de Miami visitan a los del norte casi siempre en invierno para disfrutar de la nieve y estos últimos en verano para disfrutar de las playas.

De mis familiares por parte de madre, mi tía Mariana tuvo un varón, Fernando, y una hija, Susana. Al principio vivieron en Newark, New Jersey, hasta que murió Mariana de una afección cardíaca. Fernando se mudó a Miami y Susana nos llamó cuando recibió una carta de mi madre enviada a su hermana, después de fallecida. El día antes de ingresar Mariana para operarse y temiendo que fuera la última oportunidad de hablar con mi madre, ella llamó por teléfono. Esa conversación habría de ser su despedida.

PREMONICIÓN

En los primeros años de vida, los niños no tienen uso para los recuerdos, salvo aquellos olfativos y auditivos por los que reconocen el olor y la voz de los padres. Pero es durante la infancia cuando, sin darse cuenta, eventos buenos y malos en la vida de las personas se guardan para siempre en sus conciencias.

Mi niñez, por ejemplo, fue muy feliz hasta la muerte de mi padre, ocurrida cuando yo contaba sólo ocho años, seis meses y 17 días de vida. Vivíamos entonces en el kilómetro 12 ½ de la Carretera Central, a la entrada de San Francisco de Paula, en La Habana.

Con el triste acontecimiento, puede decirse que maduré emocionalmente de la noche a la mañana, aunque mi madre se encargó que mis dos hermanas menores, Elina de seis años y Emilia de 18 meses y yo, no perdiéramos la alegría de vivir.

Médicos y psicólogos atribuyen, por lo general, los sueños y pesadillas de los niños a fantasías oníricas, malas digestiones, consecuencia de películas, programas radiales y televisivos que pudieran generar estas lucubraciones nocturnas.

Tampoco puedo culpar a temores o creencias religiosas el origen del terrible sueño de aquella noche del 24 de septiembre de 1952, ya que mi familia no era religiosa, aunque sí creyente en

Dios. Sólo mi abuelo Mariano, por parte de madre, zapatero de oficio, iba todos los días a la primera misa, antes de abrir su taller, a escasos pasos de mi casa.

La premonición de la muerte de mi padre se produjo mientras yo dormía en la noche de un miércoles para jueves, apenas 36 horas antes que el coágulo escondido durante años en sus pulmones, como secuela del tifo negro al que había sobrevivido 12 años antes, se desprendiera y siguiera el funesto trayecto hasta su corazón, provocándole la muerte por trombosis coronaria.

La pesadilla consistió en que mis hermanas y yo, mis padres y Miguel, padrino de la más pequeña, habíamos ido de paseo al parque de diversiones Coney Island —de La Habana- y montamos en varios aparatos para terminar en la "montaña rusa". Después de gritos y risotadas, al bajar de ese aparato, sin mediar palabras, el compadre sacó un arma, disparó y mató a mi padre. Desperté tan desconsolada que no podía dejar de llorar. Mi padre me tomó en sus brazos y sentó en sus piernas. Riendo preguntó si yo no veía que él estaba vivo y nada le había sucedido, que sólo había sido una pesadilla. Un buen rato después, levanté el ánimo y me fui a la escuela.

Esa noche del jueves, pedí a mi madre que se acostara conmigo, por miedo a que se repitiera el terrible sueño, a lo que se negó dulcemente, porque a mi papá le dolía un brazo y ella le iba a dar un masaje.

Como la molestia le siguió al día siguiente, mi padre fue al laboratorio veterinario situado frente a nuestro negocio de venta de forrajes e insumos para animales, donde le dieron varias ámpulas de un remedio que nunca llegó a inyectarse.

Ese viernes, Alfredo debía entregar unos sacos de alimento en el orfelinato Cristo Pobre, situado sobre la Carretera Central, antes de entrar a El Cotorro. Las hermanas de la Caridad manejaban esa casa de huérfanos, eran muy amables y nos solían llevar a verlas en esos viajes, pero no aquella tarde.

Mi padre se negó rotundamente, alegando que no estábamos bañadas ni vestidas adecuadamente y que llevaba muchos sacos en la camioneta. Rogamos y lloramos, hicimos promesas de buena conducta, pero igual hizo caso omiso a nuestra petición.

La muerte quiso evitarnos presenciar el traumático episodio, cuando aquel fornido hombre de 37 años, al cargar uno de los sacos, titubeó un instante, llamó a su ayudante Argelio y cayó al piso desplomado, pronunciando el nombre de Emilia, mi madre, antes de expirar.

Al caer la noche, noté la falta de mis padres, pues nos dejaron al cuidado de la negra Sara, a quien queríamos como miembro de la familia. Como un relámpago, volvió a mi memoria la fatídica pesadilla. Ese sábado nos llevaron a casa de nuestros abuelos maternos. Descubrí una tristeza infinita en los ancianos ojos de Mariano y Teresa y sentí que sus abrazos intentaban protegernos de la desgracia.

Ojeando el periódico Información del sábado 27 de septiembre, descubrí en la página de obituarios una esquela con el nombre de mi padre. La vecina, Dora, en cuyo portal me había sentado a leer, me aseguró que muchas veces se equivocaban en la identificación de fallecidos. "Es él", le respondí con convicción, "porque yo soñé su muerte."

Después del funeral, la familia paterna quiso ayudar a nuestro cuidado y manutención, ya que mi madre tendría que hacerse cargo del negocio que, por demás, aportaba más deudas que ganancias. A ella le costó mucho trabajo aceptar aquella separación de sus retoños, sin olvidar que mi padre siempre quiso tener a la familia unida.

Junto con la atención a la forrajería, tuvo que aprender a conducir la camioneta Chevrolet del negocio, hacer trámites bancarios y legales. Un seguro de vida que tenía Alfredo, decidió no cobrarlo y lo puso a nombre de las tres hijas.

La decisión final fue que yo me iría, al término del curso escolar en junio de 1953, a Nueva York con mi tía Mercedes y su esposo que vivían en Estados Unidos, mientras mi hermana Elina quedaría a cargo de tía Nená, en la casa paterna y la más pequeña, Emilia, estaría interna en una escuela de monjas y los fines de semana estaría en casa de mis abuelos maternos o con mi madre en San Francisco de Paula.

A sus preocupaciones económicas y la tristeza por la pérdida de su pareja de 13 años, se añadía ahora para Emilia la separación de lo más entrañable, sus hijas. Pretendientes no le faltaron a sus 36 años, pero no aceptó a ninguno, según ella, porque decía no podría confiar que un hombre que no fuera nuestro padre, no nos maltratara o abusara de nosotras.

El egoísmo filial de las tres apoyó esa decisión y le concedimos a mi madre la "libertad" de casarse de nuevo sólo después que nosotras tuviéramos nuestras propias familias, travesura risible si no fuera tan dramática la situación.

Cuando las tres nos juntábamos con mi madre en las vacaciones de verano, solíamos dormir todas juntas en su cama. Nos habló mucho del amor que la unió a mi padre, desde el enfrentamiento a la familia paterna donde cuatro hermanas querían para su único hermano varón una mujer a la altura de su ideal, no una española de familia pobre y trabajadora.

Sólo después de adolescentes supimos de la maldad de la tía Yuya, apoyada por otro pariente, quienes pidieron le hicieran la autopsia a mi padre estando ya su cadáver expuesto en la funeraria de Zapata y 2 en el Vedado, para confirmar que no había muerto envenenado por mi madre.

La oposición hizo que el amor de ellos fuera más fuerte y no llevó al resentimiento de Emilia, quien nunca se cansó de repetir a sus hijas que debíamos respetar y querer a la familia. Otras veces solía reír cuando recordaba que mi padre gustaba de declarar: "lo mejor llegado de España fueron el jamón serrano y mi mujer."

Por ser la que más disfrutó de la compañía de mi padre, siguiéndolo a todas partes, como el hijo varón que nunca tuvo, sentí pena por mis hermanas, porque la vida les concedió menos tiempo que a mí para conocerlo.

La imagen paterna, que siempre me pareció más alta y apuesta que la reflejada en las fotografías del álbum familiar, se grabó en mi memoria en todos sus detalles. Aún hoy, puedo evocar sus manos de palmas fuertes aunque no ásperas, uñas bien cortadas, siempre limpias y piel suave. Pelo muy negro, peinado a lo Rodolfo Valentino, sienes que empezaban a encanecer, ojos negros que resplandecían con una sonrisa amplia como su bondad, haciendo de él un hombre atractivo en muchos sentidos.

Todavía me parece ver a mi hermana Emilia, la menor de año y medio, con un vestido nuevo, encaramada en una silla frente al retrato de Alfredo en una pared del comedor, cuando preguntaba a la imagen "¿estoy bonita, papi?".

Varias veces en mi adolescencia, hasta que me casé, soñé que venía mi padre a visitarnos en el entorno de la fecha de su muerte y aun sabiéndolo ausente, en mi sueño le contaba cómo nos iba en la vida.

Pesadillas como la que anticipó su deceso, sólo tuve dos antes de perder esas facultades en la adultez. En una soñé que me avisaban del deceso de mi madre cuando estudiaba en Estados Unidos y que felizmente no se hizo realidad hasta casi seis décadas después.

La otra estuvo relacionada con mi hermana Elina, en momentos definitorios para la vida de ésta y en la que soñé ambas nos deslizábamos loma abajo velozmente en una yagua, mientras a un lado del camino, mi madre nos hacía señas para que nos detuviéramos, alertándonos de algún peligro, pero fui incapaz de detener la carrera y desperté muy angustiada.

Nunca intuí que yo fuera a perder la vida, incluso en seis accidentes que pudieron ser graves y dos afecciones de salud que a muchos les ha traído la muerte. Los primeros fueron de tránsito, como cuando iba con mi padre en nuestra camioneta y al doblar izquierda por la Carretera Central, se abrió la puerta de mi lado y quedé colgando con los pies casi tocando el pavimento.

Los otros accidentes, uno fue al doblar izquierda con mi moto frente al Teatro Nacional y un panelito queriendo adelantar, en sentido contrario, chocó conmigo. En esa ocasión perdí parte de un diente. Otro fue una caída de la moto, al dar la vuelta a la rotonda frente a la Ciudad Deportiva para tomar la Vía Blanca. Este me provocó una herida en el tobillo izquierdo que requirió siete puntos y tardó en cerrarse por la posición atravesada que tenía.

Mi hermana Coqui, un día de 1964, me acompañaba en la moto CZ nueva, en camino hacia la playa, cuando la rueda trasera se trancó. Por suerte no había mucho tráfico y pude controlar rápidamente la situación. Luego de esperar algunos minutos, seguimos camino.

Las caídas fueron muy aparatosas pero el hecho de mayor peligro fue el ocurrido cuando conducía mi primer automóvil por la avenida Dolores. Al llegar a la punta de una loma, el pedal del freno se desenganchó y al final de la elevación se encontraba parado un ómnibus que recogía pasaje y más allá, había una línea de ferrocarril. Reaccioné equivocadamente porque puse velocidad neutra, lo que aceleró más el vehículo, pero logré detener el auto pegándolo contra el contén, ayudada del freno de emergencia.

Por último, descendiendo de Topes de Collantes hacia Trinidad, me falló el freno. El padre de una nicaragüense amiga mía, quien nos acompañaba, me tranquilizó diciendo que bombeara el pedal hasta que funcionara y en realidad así sucedió. Había oído de tantos accidentes ocurridos en esa vía que temí por todos los que íbamos en el auto.

Los incidentes de salud fueron la detección de un posible cáncer de cuello del útero después del parto de mi única hija, Eilyn y una crisis biliar que requirió una intervención endoscópica, luego complicada por una peritonitis.

Pese a la gravedad de esos eventos, nunca sentí que mi vida estuviera en peligro. Exista o no la intuición, cada cual puede tener opiniones diversas sobre el asunto, pero estoy convencida que la ciencia podrá en el futuro desentrañar los avisos de esa perfección que es la mente humana, incluso en las edades más tempranas.

LECCIONES Y DECEPCIONES

La experiencia de vivir en Estados Unidos antes de cumplir 10 años, puede ser maravillosa o trágica para un latino, puede arraigar en él principios de rebeldía, solidaridad humana, libertad, sembrar una visión pragmática de la vida, o todo lo contrario.

Por suerte, quedaron en mi carácter los aspectos más positivos, quizás por el ejemplo que tuve de mi padre. Afiliado al partido Ortodoxo, simpatizante de su dirigente, Eduardo Chibás, promotor de la campaña "Vergüenza contra dinero" y amigo leal, no discriminaba entre capitanes y estibadores de los muelles de Atarés.

Vivir un año en Riverside Drive en Nueva York, a orillas del río Hudson, desde donde se divisaba el edificio de las Naciones Unidas, sembró en mí la idea de llegar a trabajar en esa organización mundial como traductora, para lo cual debía aprender a dominar varias lenguas.

Mi estreno escolar en ese país fue un choque con los prejuicios de la discriminación racial. Mi tía pretendía matricularme en una escuela interna de cierto renombre llamada "Sister Cabrini" en Nueva York.

Ante la comisión de admisión docente del centro, mostraba yo una piel bronceada por el sol de un país tropical, razón por la cual le preguntaron a mi tutora si yo era "de color".

Mi tía Mercedes montó en cólera por lo que consideró una ofensa y halando mi brazo, dijo: "vámonos de aquí, porque no saben diferenciar un blanco de un negro."

En cuanto a mi procedencia, más tarde me daría cuenta que si así eran los americanos e incluso los religiosos del norte, los blancos del sur, donde hubo esclavitud hasta el siglo XIX, eran mucho más retrógrados. Pude ver que había baños y bebederos separados, que sólo en la mitad trasera de los ómnibus podían sentarse los afroamericanos, siempre que no hubiera un blanco de pie.

Luego mis tíos se mudaron para la Avenida Vermilyea, cerca de la Calle 200 y Broadway, donde me inscribieron en la escuela The Good Sheperd (El Buen Pastor), centro católico de la Orden de San José.

Las materias impartidas en tercer grado, uno por debajo del que yo había vencido en La Habana, eran "pan comido" para mí, con excepción del inglés, claro, aunque me defendía bastante bien, teniendo en cuenta que tres meses antes había llegado a ese país sin el menor conocimiento del idioma.

Conocí que el mundo para los norteamericanos gira a su alrededor, ya que en sus textos de historia universal abordan sólo los hechos que tocaron a este país directamente.

La geografía apenas insistía en los estados de la unión, su orografía, capitales y en qué sobresalían esos territorios por su economía y cultura.

La enseñanza de las ciencias mostraba igual

atraso comparado a otros países desarrollados de Europa e incluso para mi escaso universo, formado en una nación subdesarrollada.

Creo que ese estado de cosas pudo haber cambiado en la actualidad, pero no mucho. Aparte del alto costo de la matrícula en las universidades estadounidenses, la mayoría de los jóvenes graduados de los niveles secundario y preuniversitario no logran dar el salto a la educación superior, debido a las lagunas cognoscitivas dejadas por los niveles cursados anteriormente.

Una monja quiso saber una vez de dónde venía yo y le dije que de Cuba. Poniendo expresión de duda, me preguntó si esa era una isla localizada al este, en el Atlántico, que pertenecía a Estados Unidos, a lo que respondí que mi país estaba localizado al sur de la Florida y era una república independiente desde 1902. Al menos esa era mi apreciación y orgullo de cubana por esa fecha.

Una vez que nos mudamos a Miami, cursé el quinto y sexto grados en la escuela Gesu, ubicada en el centro de la ciudad. De allí recuerdo a la japonesa Kino Sakamura, Kathleen Ostuni, a Emil Tracy y Tommy Cheehan, entre mis mejores amigos.

Cursé el séptimo y octavo grados en Saints Peter and Paul´s School, cerca de la casa. Mi hermana Elina y mi madre ya vivían conmigo y se nos permitió ir a la escuela en bicicleta. Con una presencia mayor de cubanos en Miami, en la clase tenía tres compañeras, Acacia Carreras, Caridad Carballosa y Norma, quienes habían viajado con sus padres huyendo de la represión de la dictadura de Batista.

La anécdota de la que estoy más orgullosa en

ese tiempo fue que pedí la palabra en la clase de historia de octavo grado para señalarle al profesor que el libro de esa materia estaba equivocado al decir que Walter Reed, oficial de los "Rough Riders" de Theodore Roosevelt que ocupaban Cuba a finales del siglo XIX, había sido el descubridor del agente transmisor de la fiebre amarilla.

-Bueno, dijo el profesor, y ¿quién fue entonces, jovencita?

Respondí airada: "El doctor Carlos J. Finlay, médico cubano de quien Reed fue ayudante y es un hecho reconocido hasta por las Naciones Unidas, profesor."

Los cubanos en el aula irrumpieron en una ovación de apoyo a mis palabras y el maestro tuvo que poner orden. Corría el año 1958 y en la Florida, sobre todo en Miami, crecía el número de isleños refugiados que huían del régimen de Batista.

Otra vez, un norteamericano esperando el ómnibus me preguntó de dónde yo era y le dije que de Cuba. Con cara triste, el hombre afirmó: "Estados Unidos debió haber mantenido su control sobre Cuba y se habría evitado tanto derramamiento de sangre y sufrimientos para el pueblo cubano."

Lo miré fijamente y le dije: "Usted no sabe lo que está diciendo." Di la espalda y me alejé. Sin embargo, transcurridos los años, perdoné la apreciación del desconocido porque pienso que como muchos, estaba manipulado por la información difundida allí.

ELSY FORS

Por otra parte, conocí a muchos estadounidenses genuinos, solidarios, desinteresados y de buenos sentimientos. Lástima que el sistema no promueva ese tipo de ciudadanos. A pesar de su desconocimiento de geografía e historia, sí puedo decir a favor de los educadores religiosos que me tocó conocer que eran espontáneos, nada hipócritas respecto a sus creencias, hasta el punto de inculcar en mí esas ideas siendo yo de una familia que, aunque creyente, no militante de esos credos. Sólo al regreso a Cuba, las acciones de una iglesia que, salvo honrosas excepciones, no promovía la identidad nacional de sus feligreses, me separaron definitivamente más que de Dios, de la Iglesia.

Mi madre y mi hermana Elina vivieron conmigo dos de los cuatro años que permanecí en Miami, cuando esa ciudad era todavía destino preferido de muchos retirados de clase media y alta.

Esas cualidades fueron desapareciendo a finales de los años 50 en la medida que se expandieron el juego, la droga y el crimen que traen aparejados los vicios. También se llenó la urbe del bullicio de refugiados, que huían de la represión de dictaduras caribeñas, centroamericanas y más al sur, así como por los desplazados de todas partes, que llegaban a ese país en busca de empleo y una vida mejor.

Hoy son más de 50 millones los inmigrantes que habitan Estados Unidos que, en casos como el de los haitianos, siguen sufriendo privaciones y maltratos, además de deportación segura si son indocumentados. Una nación nacida de la inmigración europea al Nuevo Mundo, Estados

Unidos hoy niega su amparo a los nacidos en otras tierras.

Conocí a un piloto de Cubana de Aviación, Rafael Rimbla, quien me contó cómo se salvaron él y su esposa de llevar a cabo un pacto suicida cuando vivía como exiliado en Miami en 1958, huyendo de la dictadura de Batista.

Ante la falta total de medios para seguir viviendo, habían decidido quitarse la vida el 31 de diciembre de ese año. Una llamada desde La Habana interrumpió felizmente esa madrugada la consumación del dramático final previsto por la pareja. Sería Rimbla, quien años después, me presentaría al que sería mi esposo, el también piloto Gastón Sariol.

El triunfo popular en Cuba el primero de enero de 1959, abrió horizontes de esperanza para muchos que vivimos en Estados Unidos y regresamos poco antes o después de esa fecha.

TERROR EN LOS MUELLES

Se acercaba mi cumpleaños 16 y había planes en casa para celebrar la fecha, aunque pocos recursos como de costumbre para llevarlos a cabo, ya que mi madre cosía para la calle y mi trabajo de ayudante en el laboratorio de inglés en la Havana Business College sólo pagaba la mitad de mi matrícula.

Mi padrino Pedro —casado con una hermana de mi padre- trabajó siempre de contador en los muelles ocupados por la compañía P&O, desde donde salía durante los años 50 un crucero-ferry, el Florida, que hacía el trayecto Miami-La Habana-Miami.

Salía de la capital cubana a las seis de la tarde y llegaba a su destino sobre las siete de la mañana de la mañana siguiente. Hice ese viaje en dos ocasiones: una con mi abuela Modesta y una prima y otra vez con mi madre y mi hermana Elina.

Esos viajes marítimos constituían verdaderas aventuras para los niños que viajábamos en el Florida. No podíamos bailar ni tomar cócteles en el bar de cubierta, pero sí podíamos, acompañados de adultos, participar en un juego de carrera de caballos que se movían por hileras metálicas, sobre un tapete verde, según lo que marcaran dos dados.

El camarote tenía literas para menores y camas para los adultos, con un baño incorporado.

Un restaurante muy limpio y elegante ofrecía cena y desayuno a los pasajeros.

El crucero dejó de dar viajes a Cuba desde que Estados Unidos empezó a aplicar sanciones a la Isla, mucho antes que las medidas del gobierno revolucionario afectaran los intereses norteamericanos en el país.

En la mañana del cuatro de marzo de 1960, yo me encontraba en casa cuando se escuchó un gran estruendo que, de momento, no se sabía su procedencia ni sus causas. Una segunda explosión siguió a los primeros minutos después, sembrando en mí la duda si sería un accidente en la refinería o un ataque frente a las costas cubanas por barcos de guerra norteamericanos.

Salí al patio que separaba mi casa, construida al fondo de la de mis tíos y abuela paterna. Cuando alcé la vista, vi una gran nube, negra en su base y más clara en su parte superior, que sobrevolaba nuestro barrio, aledaño al puerto habanero.

Cuál no fue mi sorpresa al ver que de la nube caían papeles, algunos sobre nuestro patio. El miedo se convirtió en terror al levantar una de las hojas medio quemadas y ver una factura procedente de la oficina de mi tío con el logo de la P&O.

Un pensamiento me dejó sin habla, si esos eran los papeles del trabajo de mi tío, él tiene que haber volado con la explosión. Rápidamente decidí que no podía trasmitir mi temor a nadie de la familia, pero ya lo daba por muerto.

Hice un recuento mental instantáneo de nuestras relaciones, de las tantas veces que nos llevó a la playa y al campo, a ver juegos de pelota en el estadio del Cerro —hoy Latinoamericano-, de cuando fuimos a G y 23 a ver la caravana de rebeldes encabezada por Fidel y los barbudos a su entrada a La Habana, o la inauguración del túnel bajo la bahía de La Habana, la Vía Blanca hasta Varadero, el Bacunayagua, puente más alto del país, en el límite donde comienza Matanzas.

Junto a los momentos felices, tengo que admitirlo, recordé su carácter hosco a veces y distanciado de los menores de la familia. Pero ante lo sucedido, lo criticable de su carácter quedaba olvidado y perdonado para siempre.

Cuando ya esperaba lo peor, lo vi aparecer por la puerta de su casa, apenas teniéndose en pie del nerviosismo, pero sano y salvo. Nos contó que no sabe cómo, después que la onda expansiva lo lanzara del asiento de su buró, bajó las escaleras de hierro hasta la planta baja, Allí empezó a deambular sin rumbo, pues olvidó dónde había parqueado el auto, hasta encontrarlo y orientarse hacia la casa.

Luego Pedro pasó horas amargas, escuchando los nombres de sus amigos y compañeros y conociendo detalles del acto terrorista cometido a distancia sobre el barco de bandera belga "La Coubre", cargado de armas y municiones para la joven revolución que ya se veía amenazada. Pedro nunca fue el mismo después del terrible acontecimiento y murió tres años más tarde. Los médicos dictaminaron problemas cardíacos.

Tres eran tres

La radio cubana, famosa por iniciar en América Latina la era de las novelas radiofónicas con El Derecho de Nacer, original de Félix B. Caignet, trasmitió otra obra muy popular entre jóvenes y viejos: Los Tres Villalobos.

Ese "western criollo" venía muy bien con mi personalidad aventurera y tenía un tema musical cuya letra rezaba: "tres eran tres, los tres Villalobos, tres eran tres y ninguno era bobo."

Tres fueron las hijas que tuvo mi abuela materna y tres también fueron las que alumbró mi madre. Por eso me gustaba la canción de los Villalobos, pero la realidad hizo que la similitud no fuera más allá.

Mis dos tías menores, María y Mariana marcharon a establecerse en Venezuela y en Estados Unidos, respectivamente, dejando a mi madre a cargo de sus ancianos padres. Nuestra familia, sin embargo, se mantuvo unida y creciendo, mientras el número de parientes en el exterior se fue apagando hasta sólo quedar en 2013 los integrantes de segunda y tercera generación.

Mi madre Emilia, la mayor, nunca pensó en acompañar a sus hermanas, incluso después de la muerte de sus padres, porque todo lo más querido para ella estaba en Cuba. La única que pudo ver a la familia que emigró a Estados Unidos fue Elina, por invitación de ellos y por poco tiempo, en 1991.

Todos decían que me parecía a la tía Mercedes, pero de mayor era definitivamente más parecida a mi madre. Elina nació esbelta y achinada como mi tía Mariana y la más pequeña tenía muchos rasgos de mi padre, transferidos luego a su hijo más pequeño.

Hasta los dos años fui de complexión normal, pero empecé a engordar por intentar competir con mi padre a la hora de la comida —hecho que todos hallaban muy simpático, pero que he maldecido hasta hoy. De ahí los motes de Gorda, China y Coqui, por los que fuimos llamadas incluso en la adultez.

Aventurera la primera, inquisitiva la segunda y aficionada a la casa y las fiestas la más pequeña, esas cualidades definieron la personalidad de las tres en nuestra infancia, pero todo tomó un giro inesperado en la adolescencia.

La academia Havana Business, a la que ingresé en septiembre de 1958, ofreció a mi madre pagar sólo la mitad de mi matrícula -15 pesos mensuales- a cambio de usar mis conocimientos de inglés apoyando las clases de ese idioma. Al graduarme dos años después, me propusieron a varias compañías como la de pinturas Sherwin-Williams, al City Bank of New York y otra de armadores marítimos en el edificio de Radiocentro.

En estas empresas se lamentaron de no poder aprovechar mis conocimientos por mi corta edad, 16, ya que las leyes prohibían la contratación de menores de 18 años. La Universidad de

La Habana convocó un concurso para llenar 10 plazas de mecanógrafo, unas 500 personas presentaron cartas de solicitud, citaron a 50 para pasar una prueba y yo resulté una de los 10 escogidos.

Me concentré en el trabajo de mecanógrafa primero y como secretaria después, en el Rectorado y más tarde en la Federación de Estudiantes Universitarios (FEU) para ampliar los magros ingresos de mi madre y gozar de cierta independencia.

Yo diría que la entrada de los barbudos rebeldes a La Habana cambió no sólo la vida en el marco estrecho de mi familia, sino la de todos los cubanos. Todas las acciones del gobierno llamaban a estudiar, a trabajar por mejorar la vida de los más desposeídos y a ser más desprendidos y solidarios.

Me rebelé contra la sobreprotección familiar y me zambullí completamente en las tareas revolucionarias. Largas jornadas de trabajo en la Universidad y extendidas visitas de Fidel a la Universidad demoraban con frecuencia mi regreso a casa, hasta bien entrada la madrugada.

Mi alistamiento a la milicia universitaria en la mañana del 17 de abril de 1961, cuando aún desconocía que se había producido el desembarco apoyado por Estados Unidos en la Ciénaga de Zapata, iba contra las costumbres sociales de aquellos tiempos y no contaba con el respaldo de mi madre, mucho menos de mi familia paterna. Como debe haber sucedido en muchas otras familias, mi mamá fue aflojando su control sobre

ELSY FORS

el accionar de mis hermanas y el mío, en la medida que veía materializados los ideales de mi padre en aquellos líderes desaliñados que hablaban un lenguaje de pueblo.

En 1961, la China se inscribió en la Campaña de Alfabetización, siendo destacada en Pilotos, municipio de Consolación del Sur, Pinar del Río, donde convivió con una familia, los Triana, y enseñó a una decena de campesinos a leer y escribir.

Esto le dio al resto de la familia un destino a nuestros paseos dominicales. El 2 de septiembre le llevamos incluso la fiesta de los 15 a Elina al campo y, de paso, disfrutamos del contacto con esa familia campesina que nos acercó a la agricultura y la naturaleza.

En octubre de 1962, Elina se había incorporado a la Brigada Universitaria José Antonio Echeverría y me acompañó en un evento de la FEU y la Unión Internacional de Estudiantes que tuvo lugar en el hotel Habana Libre, desde donde se veían las baterías de cuatro-bocas emplazadas a lo largo del Malecón y contagiaba la disposición de los cubanos a enfrentar la amenaza nuclear de la Crisis de los Misiles.

En ese tiempo, Elina ingresó a un curso de nivelación para estudiar Ingeniería Agronómica. Como parte de las actividades del curso, fue un grupo de estudiantes a recoger café en Mayarí Arriba, sin sospechar que enfrentarían uno de los huracanes más devastadores que ha pasado por esta isla.

El campamento de mi hermana estaba en las laderas de una montaña y se dormía en hamacas. Sin prever que azotaría tan fuerte el huracán esa región, los muchachos despertaron una noche para percatarse que el agua les daba por los tobillos y crecía rápidamente de nivel, hasta arrastrar poco después el alojamiento.

Por otra parte, no tenían alimentos y a un grupo se le ocurrió cruzar el río, porque en la orilla opuesta había un platanal y otras viandas sembradas. Elina, quien ya era experta nadadora, junto a otros al cruzar no tuvieron grandes tropiezos, pero de regreso y cargados como venían, el caudal del río había crecido, arrastrando sacos y portadores.

Estos se dejaron llevar por la corriente para mantenerse a flote, sin tener que lamentar ahogados, aunque terminaron muy lejos de donde estaba el campamento.

Durante más de una semana sufrimos en casa pensando cómo la pasaría Elina, aún sin conocer el episodio del cruce del río crecido.

La China, como le decíamos cariñosamente, abandonó la Agronomía para ejercer el Dibujo Técnico que había estudiado. Empezó a trabajar en el Ministerio del Azúcar, en el departamento de Proyectos que pronto pasó a ser Instituto y su sede se instaló en la Ciudad Universitaria José Antonio Echeverría.

Su desempeño como dibujante la llevó a pretender el cargo de Proyectista, empezó a estudiar Ingeniería Mecánica en la propia CUJAE, pero después de logrado ese puesto, cuando empezaba segundo año, dejó la carrera.

En cuanto a su definición profesional, Elina ha

creído siempre más en lo que le aconsejan las voces que la acompañan que el propio sentido común. Empezó empíricamente a estudiar la radiestesia, energía magnética proveniente de los elementos, incluso detectable a grandes distancias.

Este proyecto la fue alejando cada vez más de su trabajo en el Iproyaz, incurriendo en ausencias que fueron sancionadas por su jefe. Sin mediar otra reclamación ni gestión con el sindicato, Elina decidió pedir la baja de ese centro, sin tener ninguna ocupación remunerada esperándola en casa ni solicitando un retiro por peritaje médico.

Un falso sentido del orgullo en distintas ocasiones la ha hecho obrar contra sí misma. Porque no es que la radiestesia ni otros estudios empíricos sean inútiles, todo lo contrario. Ha realizado investigaciones sobre el origen y detección de los combustibles fósiles en el planeta, así como posibles terapias alternativas contra el cáncer y el SIDA.

Cuando la familia, vecinos o amigos tienen algún problema de salud, ella mide las corrientes del cuerpo del paciente y las encausa si están desviadas. Es sorprendente cómo este método acompañado de un péndulo y de la sensibilidad en sus manos puede mejorar a las personas.

Lástima que estas habilidades útiles y lo mucho que sabe de los requerimientos de una buena salud, no le hayan aconsejado la necesidad de dejar de fumar que le ha traído riesgos para su vida.

En el caso de la más pequeña, al terminar el sexto grado, Coqui sentó a nuestra madre para confesarle su decisión de ser pianista, por lo que dijo no seguiría al siguiente nivel de Secundaria Básica. Mi madre le contestó que todos esos planes estaban muy bien, que si ella deseaba tanto ser concertista, ella le pagaría las clases de piano, siempre que ese aprendizaje fuera después de sus turnos en la Secundaria.

El salomónico acuerdo terminó pronto con los afanes musicales de Coqui, quien estudiando el nivel preuniversitario, optó con entusiasmo por estudiar una carrera militar después de una conferencia de promoción ofrecida en su escuela por el Instituto Técnico Militar (ITM).

Esta decisión desató una pequeña crisis, para lo que fue preciso convocar un consejo de familia. Mi madre se oponía rotundamente, porque, qué era eso que su hija manejara armas. Elina también era contraria y recordó que a la más pequeña siempre le habían gustado las tareas domésticas y las fiestas de fin de semana.

Apunté entonces que Coqui solía decir que ella se casaría cuando cumpliera 15 y se dedicaría a cuidar de la casa y de su familia, sueños muy lejanos de los nuestros y de lo que le sucedió a ella misma después.

Mi voto era decisivo y hablé con la interesada para sondear sus reales intenciones. Le advertí que una vez aceptada, no habría vuelta atrás, a lo que respondió con firmeza que era ese el camino que quería seguir. La apoyé y no me equivoqué.

En nuestra madurez, sin embargo, nuestras vidas tomaron rumbos distintos. Las dos mayores tuvimos una hija cada una de uniones matrimoniales que, si bien no fueron longevas, no terminaron en separaciones antagónicas. Coqui, sin embargo, sigue casada después de 40 años.

Mi hija me hizo muy feliz con dos nietos, Edgar (1987) y Beatriz (1995). El mayor, nacido cuando ella estudiaba en la entonces Unión Soviética, quedó a mi cargo hasta que concluyera su madre los estudios de Economía del Comercio en Minsk, Bielorrusia.

Al ser propuesta yo en 1988 para ser corresponsal en Londres de la agencia Prensa Latina, ya me había comprometido con mi hija a quedarme con mi nieto, por lo que planteé el problema a la dirección de PL y esta autorizó que mi nieto y mi madre me acompañaran. Regresamos dos años después debido al cierre de esa oficina por los ajustes del Período Especial.

Mi nieto ya es graduado de Diseño Industrial, mientras la hembra, convertida en una esbelta belleza tropical de 18 años, todavía busca su camino.

Coqui y su esposo llegaron al grado de Teniente Coronel como ingenieros en construcciones militares. Sus dos varones no siguieron el camino de sus padres, pero se graduaron de otras carreras, Informática e Ingeniería Industrial y tuvieron dos hijas.

Mi madre pasó sus últimos años rodeada de hijas, nietos y biznietos que la colmaron de mimos. A esto contribuyó la pensión española que le fue otorgada por ese país después de recuperar su nacionalidad, sólo porque no tuvo que renunciar a la cubana.

Se pudo despedir de este mundo en paz. En medio de su demencia senil, tuvo momentos de lucidez en que nos hizo saber cuánto nos amaba y apreciaba el cuidado que le dimos. Su corazón se detuvo una tarde de julio de 2010, a los 95 años y con él, el reloj de Teresita, amiga muy querida que tenía puesta la mano sobre su pecho.

A pesar de mis 66 años entonces, con la muerte de Emilia sentí que había quedado atrás definitivamente mi niñez.

DE HIJOS Y NIETOS

Eilyn, como fiel hija del signo de Leo en el zo-
díaco occidental y Gallo en el chino, siempre
gusta de vestir bien, tener el dominio de la situación, decir la última palabra y ser poseedora
de la verdad.

Buena proveedora y protectora de su familia,
siguiendo la tradición de las mujeres de este
grupo humano, trata de satisfacer antojos culi-
narios, necesidades de ropa y zapatos, aunque
muchas veces no pueda cumplir por falta de recursos.

Como feliz fue mi embarazo de mi única hija, así
de terribles fueron sus primeros años de vida.
Nació con 6.5 libras, lo que el médico consideró
normal, pero mi falta de leche y la prescripción
de una leche acidificada en polvo, en mi opinión,
comprometieron su apetito y al año estaba diag-
nosticada de distrófica, con apenas 20 libras. En
las fotos del primer cumpleaños parecía una
niña salida de un campo de concentración, aunque sin expresión triste.

De nueve meses le dio neumonía. En el círculo
infantil me dijeron que no me preocupara, que
arreglarían el problema inyectándole B-6 y B-
12, pero esto no dio el resultado esperado. A la
semana de volverla a llevar al Círculo, repitió la
neumonía. Sentada una vez en la escalera que
da para el patio la oí masticar con sus pequeños

y flamantes dientes algo que sonaba como vidrio. Efectivamente, metí mi mano en su boca y sustraje cristales, al parecer de un envase que nadie vio.

Después de un minucioso estudio médico realizado por el pediatra Dr. Arturo Escobar, de los que ponía dosis de acuerdo con el peso de la criatura, además de indicar una dieta balanceada, pocas semanas después de esa consulta, Eilyn contrajo Ameba Coli y de nuevo retrocedió lo poco que había avanzado.

Al año y medio, noté en ella un día una roseta roja en el pecho y luego otra en la espalda, lo que nos hizo suponer una intoxicación. Al ponerla en el suelo para revisar todas las gavetas a su alcance, descubrimos un tubo de crema para dolores reumáticos sin su tapa, a lo que enseguida exclamó: "rico, rico..."

Después de darle una cucharada de Difenhidramina antihistamínica, la llevé al cuerpo de guardia del hospital William Soler y la doctora que nos atendió dijo que había hecho lo correcto y que no parecía tener peores consecuencias.

De dos años y medio, Eilyn burló la vigilancia de una prima mía y en nuestro patio se dirigió a donde estaba nuestra perra pastora Princesa, que nunca agredió a ninguno de la familia. La circunstancia fue que nuestra protectora estaba inusualmente molesta por estar amarrada para evitar que entorpeciera el trabajo de un albañil que reparaba la casa. A fin de mantener tranquila a la perra, mi mamá le había dado un gran hueso para que se entretuviera.

Precisamente ese era el objetivo de Eilyn, quitarle el hueso a Princesa. La perra se defendió del ultraje gruñendo y mostrándole a la niña sus afilados colmillos, uno de los cuales se acercó demasiado a su carita y le cortó la piel de la mejilla. Por el lugar dañado, no le pudieron dar puntos y sólo dos años después, se le hizo una cirugía estética que si bien no quitó del todo la marca, sí eliminó la hendidura de la piel.

Ya de tres o cuatro años, Eilyn mejoraba de su desnutrición, cuando hice una visita a una amiga que vivía en el cuarto piso de una propiedad horizontal en el Vedado, frente al mar. Yo hablaba con Aleida mirando hacia la terraza, cuando veo que la niña se sube a la baranda para mirar hacia afuera y yo me congelé. Caminé rápido pero en silencio hacia ella y pude llegar a tiempo para bajarla de su peligrosa atalaya.

Cortadas merecedoras de puntos tuvo dos en la barbilla, una en la piscina de los primos y otra al subir unos escalones en la casa de al lado. Esas y una en la frente pueden considerarse incidentes menores en la niñez de mi hija única.

Aunque ella lamenta a veces no haber sido aeromoza, idealizando esa ocupación quizás por no haber cumplido ese deseo, mi hija en lo que brilla y se destaca es en sus habilidades culinarias y de anfitriona, incluso a la altura de la mejor cocina gourmet.

De pocas palabras, pero certeras y lapidarias, los siguientes son ejemplos de esta característica en ella. Una vez viniendo de la escuela junto a su amiga Janet, Eilyn le dijo que yo me quedaría soltera, porque su papá me traía regalos y yo no le hacía caso. Claro, esto sucedió después de nuestra separación en 1974.

Algunos años más tarde, antes de ser yo designada como corresponsal de PL en Moscú en 1980, fuimos invitadas a almorzar por su padre al restaurante Polinesio. Este le dijo que tenía novia y que igualmente yo tenía derecho a tener otra pareja. Ella aceptó, pero le dijo que no se comparara conmigo porque él tenía muchas novias.

Al abordar en la escuela el tema de países ricos y pobres, ella sacó la conclusión que las naciones pobres lo eran porque las ricas habían saqueado sus riquezas. Respuesta aparentemente simplista, pero que resume muy bien lo sucedido en el Tercer Mundo.

A Eilyn le llegó la rebeldía de la adolescencia en Moscú. Una vez amenazó con quedarse en Cuba con el padre y le dije que estaba bien, que le planteara eso a su papá, que yo ya sabía cuál iba a ser su respuesta. Él va a decir que se hará lo que yo decida, le dije y nunca más se volvió a plantear la situación porque, como pude conocer después, Gastón había expresado lo mismo.

También en Moscú surgieron sus primeros enamorados. El hijo de un yemenita que vivía en el apartamento arriba del de nosotros, era muy atento conmigo y con mi madre, ayudándonos a cargar cualquier paquete. Si esa amabilidad era con nosotras, con Eilyn se extremaba.

Una compañera de la escuela le preguntó si no hallaba apuesto al muchacho y Eilyn respondió: "Sí, pero es árabe", encerrando en ese gentilicio

toda una cultura que da a la mujer un papel secundario y sin poder de decisión.

En otra ocasión, hacíamos guardia ciudadana
en el barrio y la mejor amiga de Eilyn, Jorgelina,
me comentó que le sorprendía que yo sólo hubiera tenido una hija. Al yo titubear, mi hija le
dijo: "¿Tú estás loca? Si tiene otra como yo, se
habría cortado las venas ". Las tres nos reímos a
carcajadas.

El bachillerato lo concluyó Eilyn en la Escuela
Rusa de La Habana, a donde llegaron becas para
la todavía Unión Soviética. Le aconsejé no ir y
cursar algo en Cuba, pero decidió ir a Minsk a
estudiar Economía del Comercio. Acababa de
cumplir los 17 y nunca había tenido que valerse
por sí misma.

Ahí comenzó a transformarse en adulta. La
controversia entre generaciones fue pasando y
predominaron en ella los buenos consejos de
vida que le dimos su abuela Emilia y yo. Se en-
frentó sin ayuda de la familia a vivir sola en la
Unión Soviética, donde tuvo el apoyo de su primer esposo, Diógenes Matías, quien estudiaba la
misma carrera y había nacido en Motembo, pueblo cercano a Corralillo, en Villa Clara.

Además del esfuerzo que significó para ambos
sus estudios de Economía del Comercio, se adi-
cionó el obstáculo de un embarazo temprano y el
nacimiento de su primer hijo, Edgar, al principio
del segundo año de la carrera.

Diógenes compartió con ella los trabajos de cuidar al niño y mantenerse al día en las clases. Un
día iba a clases él y otro ella, mientras que el que
quedaba en el albergue cuidaba del pequeño.

Diógenes era muy responsable y estaba muy

enamorado de Eilyn. En las primeras vacaciones trajeron a Edgar con ellos, de nueve meses, con el propósito de dejarlo a mi cuidado porque no podían llevar al bebé de regreso para terminar la carrera.

Contrajeron matrimonio en ese verano de 1988 y marcharon con gran pesar por la necesaria separación de su hijo. Un mes después, saldríamos mi mamá, Edgar y yo con destino a Londres y demoraríamos un año en volvernos a ver, cuando invité a Eilyn a pasar sus vacaciones de verano con nosotras y el niño en la capital británica.

Se cumplían entonces 800 años de haberse inaugurado el Puente de Londres, ocasión en que se vistió de lujo esa maravilla de la ingeniería en el siglo XII. Visitamos Greenwich, que da nombre al meridiano, referente de la hora en Europa Occidental. También fuimos a Dover, en la costa Este de la isla británica, donde empezaban a construir entonces el túnel que uniría al Reino Unido con Francia.

Al regreso de Minsk en 1990, una mala ubicación en el Ministerio de Comercio Interior, en una empresa importadora de efectos del hogar, dio por resultado que al desatarse la crisis de los 90, la entidad dejó de cumplir su función principal, la de comprar mercaderías de Europa del Este, lo que hizo a Eilyn perder interés en su ocupación.

Junto a la apatía por el trabajo, se sucedieron problemas de pareja con Diógenes y sobrevino la separación, apenas un año después de haber regresado al país. El regresó a Motembo, donde vivía su familia y Eilyn trabajó casi un año en la comercializadora de servicios de Prensa Latina. Más tarde se trasladó para una empresa del Ministerio del Interior en Miramar, que sería su última ubicación en el sector estatal.

En 1991, se reencontró en La Habana con su amor inconfeso de adolescencia, Santiago Rodríguez. Además de vivir al doblar de nuestra casa, habían viajado juntos en el barco ruso que los llevó como becados a estudiar en ese país, sólo que Eilyn iría al oeste del gran país en la república de Bielorrusia y Santiago al este en Ufá, Bashkiria, para ser técnico medio en Energía Nuclear, con la opción de ser ubicado posteriormente a trabajar en la central electronuclear que se construía en Juraguá, Cienfuegos.

Ese reencuentro tan oportuno creó lazos sólidos, tanto que se mantienen unidos después de 21 años de casados. Tuvieron a mi nieta Beatriz en 1995 y mi nieto Edgar, desde el día de la boda, como él mismo explicó a su padre biológico, tenía dos padres. A Diógenes le dijo que debía aceptarlo así.

Al nacer Beatriz en 1995, Eilyn decidió abandonar definitivamente las tensiones que en el llamado Período Especial generaba un cargo de economista, financista o contador.

Nuevas reglas y limitaciones en el desarrollo de esas tareas apoyaron la decisión de dejar atrás el ejercicio de su carrera, aunque no la utilización de esos conocimientos.

En 1997, Eilyn y Santiago decidieron emprender lo que en ese tiempo en Cuba era una aventura, abrir un negocio "por cuenta propia". La cafetería "El Cactus" prosperó rápidamente por la alta calidad de sus ofertas, la limpieza y el buen trato a sus clientes.

Contrataron a un viejo dulcero retirado quien, a su vez, entrenó a un grupo de jóvenes del barrio, sin empleo fijo en esos momentos. Para reducir la historia a pocas frases, años después de cerrar la cafetería, todavía se acercan personas a preguntar si se siguen haciendo dulces. En la opinión de muchos clientes, la cafetería sita en el portal de mi casa, tuvo un surtido más amplio y mejor elaborado que el de la dulcería "La Gran Vía", a pocas cuadras de mi casa y ahora sucursal de la cadena estatal Sylvain.

A la altura de 2013, Eilyn y Santiago tienen licencias, pero de arrendadores ayudando a la madre de mi yerno, María de los Angeles Pérez, cuyo arduo trabajo desde muy joven, ejemplo de superación, incluyó ser secretaria del Rector de la Universidad de La Habana, durante el mandato de Juan Vela. También laboró en la Escuela de Turismo ubicada en el Hotel Sevilla, hasta decidirse a arrendar su apartamento, privilegiadamente situado frente al Morro y a la entrada de la bahía habanera.

De mis nietos Edgar (26) y Beatriz (18), al escribir estas líneas antes de concluir 2013, puedo decir que el primero superó todas las expectativas de la familia en su quehacer de diseñador industrial.

A nuestro regreso de Londres y luego de un año

de haber visto por última vez a su madre, estábamos él, Eilyn y mi sobrina Elina, cuando esta última le dijo a Edgar que su madre era Eilyn y no yo. Para mi propia sorpresa, se abrazó a mí diciendo "Mamá mía, mamá mía" y le dije "No me pongas en ese apuro, que tu mamá va a creer que yo te enseñé a llamarme mamá."

En lo adelante, Edgar me empezó a llamar Elsy, aunque después surgió entre nosotros el nombre por el cual yo lo chiqueaba cuando pequeño: Pachucomono, que luego perdió el mono, evolucionó a Pachuco y se quedó en Pachu a secas. Por eso él encabeza sus correos llamándome Pachuca.

Una vez vino a mí por consejo cuando estaba en el Servicio Militar y rechazaba las tareas mal organizadas que obligan hacer a veces a los reclutas, quienes se sienten subutilizados e inútiles. Le dije que aprovechara esos momentos de frustración para pensar en su proyecto de vida, lo que haría cuando terminara la preparación militar.

Le dije ese día que cuando tuviera definido ese plan, no permitiera que ni amores, amigos ni parientes, que nadie lo hiciera renunciar a hacer realidad sus sueños.

Evidencia de que tomó en serio esa conversación fue que aprobó dos ingresos en vez de uno a la Universidad: estuvo en la lista de aprobados de Arquitectura y de Diseño Industrial, decidiéndose por este último, aunque su mejor amigo de escuela tomó Arquitectura.

Después de dos años de carrera, debió elegir la especialidad y se decidió por la de Industrial. Me sorprendió la elección, porque había mostrado habilidad en el diseño gráfico y le pregunté por qué industrial. Me respondió que ya él dominaba la gráfica y el industrial representaba un desafío. Ahora Edgar quiere extender sus alas y ponerlas a prueba. Deseo mucho que pueda levantar vuelo hasta donde alcance su imaginación.

En el caso de Beatriz pienso que en la medida que tenga que enfrentar decisiones por sí misma, fuera del círculo protector de sus padres, ella sabrá escoger su proyecto de vida, el que no pudo mostrarle la escuela por un deficiente trabajo de orientación profesional.

Lo que más preocupa a la familia es su carácter introvertido, lánguido que mantiene a veces su carita triste. Siempre le digo que es tacaña con la sonrisa, que si la usara más a menudo, todo mejoraría. Así llegó a su 18 cumpleaños el 7 de octubre de 2013. Ahora se inició en el estudio del Francés, que todos esperamos le abra nuevos horizontes, sin abandonar los repasos para intentar el ingreso a la Universidad en el próximo curso.

Tranquilizo a los preocupados por Beatriz asegurándoles que ella florecerá cuando llegue su hora.

DE ESPOSOS Y YERNOS

Gastón

Al padre de mi hija, Gastón Sariol Hernández, lo conocí a principios de 1968 en Nueva Gerona, Isla de la Juventud, donde había ido con mi madre a ver a mi hermana más pequeña, quien realizaba trabajo voluntario con estudiantes del Instituto Técnico Militar, donde cursaba Ingeniería Civil.

Gastón estaba destacado en la aviación agrícola de ese municipio especial. En un vendaval de noviazgo que duró tres meses, me propuso matrimonio y nos casamos el 22 de junio de 1968.

Procedente de una familia con tradición magisterial, el abuelo de Gastón, Juan Francisco Sariol, era propietario de la mayor imprenta de la entonces provincia de Oriente, fue fundador de la Revista Orto, de gran prestigio entre los intelectuales de la época, quienes colaboraban con ese medio habitualmente, como Manuel Navarro Luna, Nicolás Guillén, Regino Boti y otros.

Sus padres eran maestros, Gastón, de Artes Plásticas y Encarnación llegó a ser directora de una escuela primaria en Manzanillo. Colaboradores de la guerrilla desde la clandestinidad, criaron a sus hijos en el amor a la Patria. Gastón tiene una hermana, Mercedes, 19 años menor que él.

Gastón padre y Encarnación murieron prematuramente, teniendo en cuenta que ya la quinta década ha pasado a incluirse en la edad productiva de los cubanos. El murió en 1978 de una subida de presión después de una discusión en el barrio y Encarnación falleció apenas tres años después de un cáncer de mama.

Mi hija, mi madre y yo estábamos de vacaciones en La Habana, después de nuestro primer año en Moscú y parecería que Encarnación esperaba vernos de nuevo para irse del mundo en paz.

Conocí a Gastón cuando nos presentó Rafael Rimbla en Nueva Gerona. Lo primero que se le ocurrió fue decirme que yo tenía tipo de estudiante de Economía, lo cual tuvo el efecto contrario al deseado por él, porque a mí no me gustaba entonces esa carrera. Pero tengo que reconocer que el pretendiente gozaba de mucha imaginación y era capaz de protagonizar anécdotas sorprendentes que me deslumbraron.

Figuran hechos en su expediente vital como el desconocer a personas con quienes se ha relacionado, preguntarle a un amigo casado si su acompañante era su esposa, porque él recordaba a otra persona, en fin ese tipo de equivocaciones que ponen fin a una amistad.

Entre los pronósticos de Gastón que nunca se cumplieron, estuvo el de que esperaríamos juntos el advenimiento del Tercer Milenio. Al separarnos en 1974, faltarían aún 26 años para que se cumpliera su predicción. Sí debo admitir que este anuncio sin fundamento me hizo creer en su palabra y como yo, mi abuela Modesta, caímos rendidas a los encantos del único pretendiente de sus nietas que recibió su bendición.

Durante muchos años traté de explicarme el porqué de esa franqueza rayana en la inconciencia, quizás porque Gastón se separó de sus padres a los 15 años y quedó trunco su desarrollo emocional, o haber emprendido la aventura de unirse a la guerrilla junto a un amigo en las montañas que rodeaban Manzanillo, su pueblo natal, sin calcular los peligros que esto acarreaba.

Por su condición de menores, la dirección insurgente envió a Gastón y a su amigo en misiones de mensajeros a las ciudades y fue precisamente en La Habana donde se encontraba Gastón en el momento del triunfo, en enero de 1959. De ahí se sumergió en las tareas revolucionarias y se formó como piloto de helicópteros, al servicio de la Lucha contra Bandidos y también contra Piratas, la primera que apoyaba la Milicia y el ejército regular en tierra y la última, junto a las tropas de Guardafronteras en la línea costera y el mar.

Más tarde, ingresó a la aviación agrícola, donde trabajó en la siembra y fertilización de distintos cultivos desde el aire, primero en la hoy Isla de la Juventud y más tarde en Artemisa y San Nicolás de Bari. Su carrera progresó por el interés que puso en ella y en 1970 pasó a trabajar como copiloto en Cubana de Aviación en viajes de Baracoa-Maisí y también a Santiago de Cuba, con sede en Baracoa.

Nos dejábamos de ver quincenas enteras, pero

esto no afectaba la calidez de nuestro reencuentro. Siempre tuve la convicción que mientras yo me sintiera querida y atendida, no tenía por qué preocuparme lo que hiciera él fuera de casa. Me llegaban historias e incluso una vez alguien llamó con precisiones de andanzas de Gastón en el Hotel Capri, pero siempre presté caso omiso a cuentos insidiosos.

Más bien de este último episodio, al volver a casa le dije que le explicara a su amiga que no debía llamar más porque a mí no me interesaban esos chismes de pasillo. A esto respondió airado que esos cuentos venían de gente conocida mía y envidiosa, pero lo cierto es que nunca volví a recibir llamadas de ese tipo.

En unas cortas vacaciones que tomamos en 1974 en Varadero, advertí que nuestras relaciones iban de mal en peor y le confesé que yo no podía vivir con la espada de Damocles pendiente del techo y que si él se sentía preso, yo no lo retenía, porque uno debe estar donde se sienta mejor.

Al regresar a casa, me dijo que lo mejor era que yo volviera con mi madre y mis hermanas y él se quedaría en el apartamento de Belascoaín y Maloja, del cual le habían dado la propiedad. Me percaté en ese instante que ya la decisión había sido tomada antes y entonces decidí no regalar su liberación tan fácilmente. Permanecí tres meses en ese apartamento hasta que me di cuenta que debía seguir adelante con mi vida.

El propio Rimbla, quien nos presentó, al saber de nuestra separación me dijo que era Gastón el que más perdía de los dos y me dio un consejo que nunca olvidaré: "A veces la falta de problemas es un problema", refiriéndose a que Gastón conmigo lo tenía todo resuelto.

Después de 1974, Gastón pasó a naves de mayor alcance y más tarde a vuelos internacionales. Al acordar separarnos en ese año, sinceramente me alegré por él, porque realizaba sus sueños y llegamos a establecer una amistad de ayuda mutua, presentándole yo a mis colegas de Prensa Latina que estaban en distintos países y él brindándome ayuda mediante sus compañeros pilotos cuando yo estaba fuera.

Gastón es esencialmente una buena persona, pero no mide las consecuencias de sus palabras, dice lo primero que viene a su mente. Recién nacida nuestra hija, estaba yo tratando de dormirla en un sillón y me pidió que la llevara a otra parte de la casa donde no la oyera llorar, porque él tenía que descansar, sin siquiera pensar que era su hija ni en el esfuerzo que yo hacía para tranquilizarla.

Otro día lo acompañé a ver a un tío que estaba de visita en La Habana. Al preguntarle a Gastón cuándo iría a Manzanillo, pueblo donde se crio, donde vivían sus padres y muchos otros familiares, éste le contestó que no tenía nada que ir a buscar allá. El desplante dejó atónito a su tío y a mí en lágrimas.

A estos hechos se unía su espíritu conquistador, mirando o piropeando a cualquier mujer atractiva que se cruzara en su camino. Una vez llegó a confesarme que a veces no se sentía atraído por mí y sí por otras mujeres, por lo que descartaba que él tuviera alguna afección física.

Después de nuestra separación, se casó en otras dos ocasiones y eso sin contar las parejas eventuales que tuvo. En 1976 viajó a un curso de refrescamiento en Moscú, hasta donde le llegó una carta de una amiga en Santiago de Cuba, avisándole que estaba embarazada de él, a lo que respondió que no tenía interés en tener más hijos.

La santiaguera le dijo más tarde que no buscaba su aprobación y sólo le informaba que ella iba a tener ese hijo. Finalmente, Gastón reconoció a esa hija, a quien llamaron Lina Mercedes y decidió cumplir su deber de ayudar a la manutención de la niña que vivía con su madre en Santiago de Cuba.

Todavía en 2013, cumplidos los 70 años, reconoció con pena que había hecho más por su perra salchicha Tula, muerta de ancianidad recientemente, que por sus padres, lo que afirmó frente a mí, su hija Eilyn y mi yerno Santiago. En realidad creo que exageró en su afán de reconocer errores pasados, porque no obstante este peculiar rasgo de su personalidad, es una persona sensible, cuenta con la admiración de sus hijas y nietos, además de mantener viejas amistades por más de cinco décadas.

Excelente como amigo y amante, halagador con la palabra como un encantador de serpientes. En honor a la verdad, es preciso decir que los años vividos junto a Gastón fueron felices para mí, como también es realidad que la mejor decisión para ambos fue separarnos.

Gastón se ganó el cariño de tantas personas

que, en otra época, podría haber sido electo alcalde o concejal.

Santiago

Cuando Santiago Rodríguez iba en camino conmigo al Palacio de Matrimonios de Víbora Park,
para casarse con mi hija Eilyn, el 5 de junio de
1992, le dije que mi hija era buena, pero que tendría que tener paciencia con ella.

Otra advertencia que hice a Santiago cuando
su hija Beatriz cumplió el primer año de vida,
fue que ese abrazo amoroso de la niña, perpe-
tuado en una foto que le tiró el querido as del
lente, Miguel Viñas, le costaría mucho en la
vida. Sin embargo, nunca se ha quejado de Beatriz, que cumplió 18 años el 7 de octubre de 2013.
Puedo asegurar que nunca suegra tuvo mejor
yerno ni nada mejor pude querer para mi familia
que Santiago entrara a formar parte de ella.
Creo que él piensa lo mismo de mí, aunque ge-
neralmente las suegras tenemos mala fama. Me
siento orgullosa cuando lo han confundido como
hijo mío, pues así lo siento.

Después de una niñez difícil, siempre en escue-
las internas desde la primaria, porque su madre
tuvo que trabajar muy duro para mantenerlos a
él y a su hermano Rolando, Santiago tenía mucha sed de vida familiar.

Para un hombre, un núcleo de tantas mujeres
como el nuestro, es difícil de complacer y aunque
su carácter es muy diferente al de mi hija, ya
que es calmado y dado a analizar minuciosa-
mente los problemas y sus posibles consecuencias, se han llevado tan bien que cumplieron ya

21 años de unión.

Ya creo haber dicho que Santiago y Eilyn viajaron juntos a estudiar a la Unión Soviética, pero hacia lugares muy distantes uno del otro. Sólo se reencontraron después del regreso de ambos en 1991, cuando ella ya estaba separada de Diógenes y tenía otra relación, de la que se percató a tiempo que no le convenía.

Santiago y Eilyn tuvieron también algo en común, que no eran felices con las profesiones que estudiaron en la Unión Soviética. Eilyn en la rama de comercio en una empresa que dejó de importar y el perfil energético nuclear de Santiago que se frustró al regresar porque se detuvo la construcción de la central electronuclear de Cienfuegos y no pudo regresar a la URSS para seguir la ingeniería, a lo que se había ganado el derecho por obtener Diploma Rojo al graduarse de técnico medio en Ufá.

Al contraer matrimonio en 1992, Santiago se integró de inmediato a su debut como padre. Edgar, quien tenía 4 años, enseguida se apegó a la nueva figura paterna. En esos primeros años, Santiago trabajaba en labores de mantenimiento en la Universidad de La Habana, instalando teléfonos, computadoras y otros equipos.

Más tarde pasó a administrar sedes de la Asociación Nacional de Economistas (ANEC) en el Cerro, Habana Vieja, pero la falta de experiencia y limitaciones de la organización a nivel municipal provocaron el cierre de esos locales.

Al nacerle su hija Beatriz y Eilyn decidir pasar al trabajo por cuenta propia con la apertura de la cafetería, Santiago se incorporó como gestionador de insumos y transportador de los mismos, el matrimonio se consolidó y todavía recuerdan cuando tomaban los lunes de descanso para pasarlo juntos.

La actividad por cuenta propia todavía carecía del espacio que hoy tiene en el concierto de la vida económica del país. Los inspectores de esta actividad proliferaron, dedicándose más a poner multas arbitrarias y obtener sobornos de los pequeños negocios que velar por lo que verdaderamente era importante: cuidar de la buena elaboración de alimentos y la prestación de servicios de calidad a la población.

Unos diez años después de haberse iniciado en esta actividad, les retiraron la licencia a mi hija y mi yerno, cerrando la cafetería ubicada en el portal de nuestra casa. Los inspectores de esta zona lamentaron el cierre de la cafetería y la representante del área de salud que encabezó el cierre y dijo que ella "sí vivía de su salario", supimos más tarde que resultó dispuesta a aceptar dádivas para deshacer la denuncia.

Molestos ante esta doble moral, cuando citaron a Eilyn y a Santiago para entregar sus licencias en el municipio del Ministerio del Trabajo, el funcionario de esa oficina les dijo que podrían volver a solicitar licencia en el futuro. A esto mi yerno preguntó si entonces no tendría que pagarles coimas a los inspectores.

Todo, o casi todo, lo que sucede conviene, como dijera mi madre. A partir de 2007, Santiago comenzó a trabajar como administrador del Colegio San Gerónimo, institución que introdujo la carrera de Gestión de Patrimonio a nivel universitario y tiene como rector al doctor Eusebio Leal Spengler y como director al historiador Félix Julio Alfonso López. Esta labor le aportó enormes conocimientos y relacionó a Santiago con personas cultas y defensoras del patrimonio nacional, lo que acentuó su apreciación del arte cubano y universal así como de la historia de nuestro país.

Quizás por primera vez Santiago se había sentido profesionalmente realizado.

Aunque este trabajo llenaba sus necesidades espirituales como ningún otro, se impusieron los apremios económicos de la familia. Por ese motivo, cedió al pedido de su madre y comenzó a ayudarla en sus labores de arrendataria.

Así es Santiago, mi yerno, capaz de ayudar a cualquier amigo o vecino, esperando sólo el agradecimiento por los favores que hace.

DE PRIMOS Y SOBRINOS

Son muchas las anécdotas que marcaron mi niñez junto a mis primos.

Anita y Hortensia eran mayores que yo, 18 años más la primera y 8 la segunda, lo que separaba nuestro accionar diario en la familia, incluso porque Anita, hija de mi tía Mercedes, vivía con su padre. Esta última se casó teniendo yo cuatro años, ceremonia que recuerdo por fotos y porque yo fui "flower girl".

Oí decir que Anita se había casado antes con uno que fue locutor de Televisión de apellido Tristá. El marido de segundas nupcias se llamaba Moisés. Y aunque tuvo un hijo, Roy, no los conozco ni por fotos y de Anita solo he tenido noticias por Tayra, pero ella tampoco la visita ni se comunican entre sí, mucho menos después de la muerte de Hortensia, a quien echó la culpa de la muerte de Gustavo, hermano de Tayra.

De mi primo José Antonio recuerdo cuentos de mi abuela Modesta. Ella me reveló que él venía de visita a la casa y se sentaba en el piso a conversar con ella frente a la cocina, con una lata de galletas de sal y no se levantaba hasta que estuviera listo el almuerzo o terminara el contenido de la lata. Cualquier persona de apetito normal se habría llenado el estómago de galletas, pero "el Nene", como lo llamábamos, tenía insondables capacidades en su esquelético físico para engullir con gusto todo lo que pusieran a la mesa. También tuvo el título de más humorista de la familia.

Muchos recuerdos guardo de sus hijos, Lily y Junior (por llamarse igual que su padre), algo menores que yo, a quienes les seguía Marcos, capaz de hablar todo su vocabulario en rima, Jorge y Robertico.

Al menos en dos veranos, Ofelia, abuela de estos primos y madrina mía, alquiló cabañas en Varadero pertenecientes a la compañía Crusellas (fabricante de detergente y jabones), en los terrenos donde se levanta hoy el hotel Arenas Blancas, antes de llegar al hotel Internacional. En esas vacaciones, Elina y yo pasamos días inolvidables, cazando cangrejos, recogiendo caracoles, echando carreras en el mar, construyendo castillos en la arena, jugando cartas, dominó, Parchís y Monopolio.

Al emigrar sus padres y su abuela a Estados Unidos, ellos mantuvieron contacto con los que permanecieron en Miami, como su abuela y la familia de Hortensia, no así con sus primas de La Habana. Ya escribí anteriormente sobre Fernando y Susana, los hijos de Mariana y la precoz muerte de Carmen Teresa, la hija de Suceso, de quienes guardo un vago recuerdo.

Sobrinos tengo dos varones, Jorge y Luis de mi hermana Emilia y una de Elina del mismo nombre.

Aunque Jorge y Luis vivían con la familia del padre, algo lejos de Santos Suárez en el reparto Abel Santamaría, cerca del aeropuerto, casi todos los fines de semana íbamos de visita en el

auto, mi mamá, Eilyn y yo, a veces también con
Elinita y siempre acompañados de todo lo necesario para un almuerzo junto a la piscina en la
casa de los Arcos.

El recibimiento de Jorge y Luis a nuestra llegada, eran gritos de "llegó la abuela, qué rico va-
mos a comer hoy", aún sin conocer el menú.
Creo que en alguna parte había escrito que Coqui no heredó la más mínima habilidad de Emilia en la cocina y, conste, no por falta de recursos, porque mi hermana y mi cuñado, siendo ambos oficiales del Ejército, tenían ingresos sufi-
cientes para comprar en el entonces mercado
"Centro".

En la medida que crecieron todos, incluyendo a
mi hija, prefirieron divertirse con sus amistades
y se fue apagando la magia de aquellos domin-
gos en la piscina.

Elinita, la más cercana de niña a mi hija, nos
acompañó a Varadero el primer año que vinimos
de Moscú de vacaciones.

Ese viaje fue memorable para mi sobrina,
quien me agradeció en una carta haberla invi-
tado a este balneario que conoció gracias a la
aventura del verano de 1981. En esa ocasión,
acabada de llegar a La Habana, me había dado
a la tarea de buscar una reservación para la
playa, tanto en las del Este de La Habana como
en Varadero.

Sin esperanza de conseguir nuestro objetivo
después de las primeras gestiones, me decidí a
comprar boletos en ómnibus para Varadero e in-
dagar allí por alquilar un lugar bajo el sol y cerca
de la playa.

Anuncié mi propósito a Eilyn y Elina, advirtiéndoles que podríamos venir de regreso esa misma tarde si no teníamos suerte y apoyaron mi plan al unísono. Al llegar, la Carpeta Central del principal destino turístico de esta isla alargó nuestra alegría por 48 horas, casualmente en Arenas Blancas.

Vencido el plazo, logramos una vacante en otro alojamiento y así fuimos extendiendo nuestra estadía hasta cumplir una semana cuando, bronceadas, satisfechas y sin dinero, pusimos rumbo a casa.

NOSTALGIA DE PLAYA

Quizás este deseo perenne de mar está en mi ADN por haber nacido bajo el signo de Piscis, pero lo único que sé con certeza es que los días más felices de mi vida transcurrieron en la playa.

De pequeñas, pasamos temporadas en la playa de Baracoa, al oeste de La Habana, donde coincidimos con el azote de un ciclón. La casa de madera tenía dos plantas y, aunque fuerte, los vientos y la ferocidad de la lluvia nos hicieron pensar que en cualquier momento se la llevaría el mar, pues estaba construida sobre pilotes con un embarcadero al fondo.

Hasta mi madre temió por nosotras, ya que mi padre estaba en la capital y pudo llegar sólo cuando amainó el temporal. Creo recordar que coincidió esa época con la construcción de nuestra casa, al fondo de la de la familia paterna.

Nos íbamos en bote de remos hacia una extensión de playa de arenas más blancas y aguas más transparentes, que luego conocí como El Salado. Pasábamos horas buscando caracoles de las formas más extrañas, conchas y cobos que luego dejaríamos atrás.

Las dos aprendimos rápido a nadar con mi papá. Mi hermana y yo luego tomaríamos clases para perfeccionar los estilos. Yo competí con el equipo de la Universidad de La Habana e incluso mi hermana llegó a integrar un equipo de polo acuático.

Mi papá solía decir que todas las personas, cualquiera que fuera su ocupación en la vida, debían aprender a nadar y a manejar vehículos. En ese caso, sus tres hijas cumplieron la recomendación, añadiendo los patines y la bicicleta.

La casa que mi padre alquiló en Jibacoa, al este de La Habana, superó el recuerdo que teníamos de nuestra estancia en Baracoa. Era una casa de piedra de cantería, situada en la punta de una loma, con la playa a nuestros pies. Era el paraíso mismo para las más pequeñas de la familia, con mucho terreno para satisfacer nuestros afanes exploradores.

La primera vez fuimos mi madre, mi hermana mediana y yo, puesto que la más pequeña no pensaba nacer todavía. Recuerdo que mi hermana todavía tenía la costumbre de chupar tete y mi mamá un día se lo escondió, explicándole sorprendida que había entrado un cangrejo y se lo había llevado en sus tenazas, pretexto aceptado sin protestar.

En la segunda oportunidad, estuvimos casi un año, nos vinieron a visitar familiares y amigos y recuerdo que ya no volvimos a nuestra antigua casa de Santos Suárez, sino que fuimos al nuevo hogar en San Francisco de Paula, en el kilómetro 12 ½ de la Carretera Central.

Mi abuela paterna pasó más tiempo con nosotros y me enseñó a vigilar los botes de los pescadores que traían su captura y la vendían en la playa, con la frescura inigualable del pescado re-

cién salido del mar. Me habló de las distintas es-
pecies marinas, cómo eran sus carnes y su preparación.

En aquella temporada, la libertad era total, an-
dábamos como indias salvajes por arenas y
diente de perro.

El recuerdo de aquellos años felices quedó im-
pregnado en nosotras. Mi madre, aunque no sentía el mismo entusiasmo por el mar, sabía que
seguíamos un gusto de mi padre y nos acompañó
siempre. Mi hermana mediana no nos siguió en
esa costumbre después de casarse y la más pequeña, con su propia familia, vio su necesidad de
recreación satisfecha en la piscina de casa de los
suegros.

Cuando empecé a trabajar, fuimos todos los
años algunos días a instalaciones de Guanabo,
otras veces de ida y vuelta a Santa María y en
excursiones a Varadero. Mi luna de miel se quiso
parecer a la de mis padres, en la Playa Azul y
tomamos camino al balneario matancero.

Pasamos una semana en el Hotel Internacional, gracias a que la instalación estaba reser-
vada para el torneo de ajedrez Capablanca in
Memoriam y no se habían cubierto sus capacidades. En 1968, estábamos en medio de una "ley
seca", no se servían bebidas alcohólicas, sola-
mente cerveza y los precios eran tan asequibles
que nos sobraron fondos recaudados por familiares y amigos para la boda.

En 1969 repetimos el viaje a ese balneario con
mi hija de 40 días. En esa ocasión fue mi madre
con nosotros. En el viaje de ida enfrentamos una
tormenta tan fuerte que no cumplían su función
las escobillas del parabrisas. Tuvimos que abrir

las ventanillas delanteras para cuidar que no cayéramos a la cuneta ni chocáramos contra los vehículos que venían en sentido contrario.

Puede decirse que mi matrimonio también concluyó, cinco años después, en un viaje a Varadero. Confieso que hasta las rupturas amorosas se hacen más llevaderas rodeadas de las límpidas aguas y arena fina de esa playa.

Después de casarse mi hija y con el nacimiento de mis nietos, retomamos la costumbre de veranear junto al mar. He comprobado que nada acerca tanto a la familia extendida, de lazos consanguíneos, vecinos y amigos, como unas vacaciones en la playa, donde cualquier contratiempo o escasez se resuelve para la satisfacción mutua.

Para estas travesías, se conforma con meses de antelación, la nómina de entusiastas, la contribución de las partes a una larga lista de enseres y víveres a partes iguales. Los preparativos conllevan chequeos y contrachequeos, se distribuyen tareas y transporte.

Ya en el destino de "descanso", aparte de los baños de mar, se organizan juegos de adivinanza en los que todos caben, se avivan la agilidad mental y los conocimientos, competencias de ping-pong, volibol y fútbol en la arena, pelota en el agua, además de los tradicionales torneos de dominó, lotería y cartas que no involucraban el dinero.

La recreación se completaba con suculentas caldosas, cuyo contenido era objeto de competencias para ayudar a la cocinera, con limpieza y pelado de viandas entre bandos. Otras veces se hacían días de cocina italiana, con pastas varia- das, o china, con arroz frito y carnes o pescados al pincho en un improvisado horno de carbón.

Primera Navidad en Libertad

Claro que el fin de año de 1959 a 1960 no era el primero para mí, pero fue tan feliz como si lo fuera, a pesar de no tener a mi padre entre nosotras.

Vino de Venezuela mi tía materna, María de los Sucesos, llamada indistintamente María o Suceso, acompañada de su esposo, Lorenzo Piñeiro, apodado "Chicuelo", quien como obrero tipográfico y culto simpatizaba con la revolución que había triunfado en Cuba. Ella era un poco más alta que él, esbelta hasta la cintura y adornada por una cadera y trasero tan descomunales que provocaba al piropo y llamaba la atención de transeúntes indiscretos.

Ambos habían emigrado a finales de los años 40 y vivían en Caracas, ocupándose ella en un servicio de comida a domicilio y él en una imprenta, ya que era de oficio tipógrafo. Sin llegar siquiera a clasificar como clase media, mi tía creía ser la esposa de Rockefeller y practicaba la caridad tanto como la madre Teresa de Calcuta, o al menos así quería ella aparecer ante el mundo.

El servicio de cantina a domicilio que tenía en Caracas fue eventualmente a la quiebra, debido a que suministraba gratuitamente sus deliciosos platos a vecinos del edificio donde vivía, porque disfrutaba que los comensales celebraran su pericia culinaria.

Al día siguiente de su llegada a La Habana, Suceso se dispuso a comprar todo lo necesario para nuestra casa, empezando por un colchón de muelles. Dondequiera que llegaba pedía el artículo mejor y más costoso, hasta que entramos a la tienda por departamentos llamada Ten Cent de 10 de Octubre.

Al dirigirse a la dependienta, le pidió el talco más caro y la mota mayor que tuviera, entre otros artículos de perfumería. La joven, después de inquirir si mi tía era casada, no pudo resistir más y le dijo: "Señora, su esposo debe ser un tipazo de hombre", a lo que ella respondió con jocosidad criolla: "Si usted supiera, mi marido es chiquito pero puntual," desatando carcajadas entre los presentes.

Las compras de Suceso terminaron en Los Precios Fijos de Aguila y Monte, donde, por suerte, me encontré en el piso una tarjeta de crédito, de las que entonces expedían algunas compañías como Crusellas S.A., fabricante de artículos de aseo y que servían para comprar en todos los comercios.

Le quedaban a la tarjeta por gastar 20 pesos, en ese tiempo equivalentes a dólares estadounidenses. Buscando lo que haría más feliz a mi mamá, vi una vajilla azul, con todas las piezas y fuentes para seis personas, cuyo precio coincidía con la cifra en la tarjeta.

Desde entonces, cada Navidad tuvimos turrones, sidra, uvas y las habituales delicias hechas por mi madre, como tortas, pudines, flanes, arroz con leche, hasta ser afectadas por las escaseces de los años 90.

Al año siguiente, las Navidades de 1960 a 1961 fueron también memorables porque, por primera vez, pude comprar regalos para mis hermanas y mi mamá con el dinero fruto de mi trabajo.

Después de morir mi padre y hasta 1958, los recuerdos de las fiestas de fin de año, sobre todo el Día de Reyes, fueron más bien tristes, debido a que mi hermana Emilia, quien se esforzaba por portarse bien en esa época para que los Reyes Magos la premiaran con su regalo más querido, esto no sucedía, debido a nuestros bajos ingresos.

Su amiguita de la casa contigua a la de nuestros abuelos maternos, era hija de uno de los dueños de la tienda El Encanto y la moraleja era que, sin importar cuán mal se portara ella, siempre le traían lo que pedía, mientras que mi hermana lloraba sin fin, diciendo "si yo me porté bien, ¿por qué los Reyes no me trajeron lo que les pedí?".

Esa realidad entristecía a muchos hogares cubanos por esas fechas, sin contar que muchas familias perdieron a algunos de sus miembros más jóvenes debido a la represión de la dictadura.

Otro fin de año, el de 1968-69, recuerdo que se adoptó una medida de control sanitario, por la cual no podían trasladarse cerdos de áreas rurales para la ciudad. Se acercaba la Navidad, última que pasaría junto a la familia de mi padre, que emigró al año siguiente y primera después de mi matrimonio.

Campesinos que conocí en Catalina de Güines cuando trabajaba en el Instituto de Ciencia Animal, me ofrecieron un puerco a un precio adecuado para mi escaso presupuesto, pero debía traerlo vivo. El "delito" debe haber prescrito 40 años después, por lo que no tiene caso omitir esta simpática historia.

El padre de Aramís, amigo mío y compañero de universidad y trabajo, también buscaba poner lechón asado en su mesa esa Nochebuena y poseía una moto con sidecar.

Con él fue mi esposo Gastón y yo en el automóvil. Los demás detalles se ajustaron en el camino. Para hacer breve el relato, diré que en el viaje de regreso, mi esposo iba detrás del padre de mi amigo y el cerdo de unas 200 libras viajó a casa sentado en el sidecar al que se le quitó el asiento. Se amarró el hocico del animal, se le puso una capa de agua y un sombrero.

Así entró a La Habana el "pasajero indocumentado" sin ser detectado por las autoridades.

Ya en mi casa, mi abuela Modesta tenía todo preparado para hacer la matanza, lo menos dolorosa posible. Con más de 80 años, tenía una pericia y rapidez envidiables en esa tarea rehuida por los hombres de la familia.

Años después, además de los alimentos propios de la navidad cubana, también se había dificultado obtener el tradicional arbolito de esas fiestas. El anhelo de tener un árbol natural y no una de esas imitaciones artificiales, me impulsó a buscar uno de los que abundan en los bordes de la carretera Monumental, lo corté y coloqué en el maletero del auto.

El aroma del pino y la belleza propia de su especie, hicieron de ese fin de año algo especial. Siempre vimos las fiestas como una época de unión, en la que la familia renovaba sus votos de cariño y además se celebraba el triunfo popular de 1959.

Poco después del triunfo de la Revolución, las celebraciones de Navidad se vieron afectadas porque se anteponían las labores de la zafra azucarera. Aunque siempre había sido así en un país azucarero como este, la gente se las arreglaba para fiestar igual.

No fue hasta 1998, cuando al papa Karol Wojtyla, Juan Pablo II, en su visita a Cuba, le fue concedido por el gobierno declarar día feriado el 25 de diciembre. Desde entonces, se reconoció oficialmente, la celebración de la Navidad.

Las fiestas para esperar el advenimiento de un nuevo milenio y el Siglo XXI retomaron su brillo en mi familia, cuyos ingresos mejoraron con la apertura de una cafetería "El Cactus" en el portal de mi casa.

Acostumbramos a juntar hasta 40 miembros de la familia y amigos en Navidad o víspera de Año Nuevo, como hacíamos en el verano en la playa. Las delicias culinarias de estas fiestas, casi todas preparadas por nuestra chef Eilyn o alguno de los participantes, se disfrutan en el patio para aprovechar el fresco de la noche o en el comedor que para esas ocasiones se volvía pequeño, si el buen tiempo no nos acompañaba.

MASCOTAS DE LA FAMILIA

No siempre las mascotas de mi casa fueron perros. En Estados Unidos tuve una pareja de pericos, Peter y Susy, cuando vivimos en Miami.

En realidad fue mi tía quien los compró y más se divertía con ellos, haciendo que repitieran frases como: "cochino Peter, báñate Peter". También la imitaban diciendo "dame un besito, enséñame el piojito, una galletica." No sólo repetían estas palabras con sus nombres, sino que se bañaban en la pila del fregadero y comían de nuestras manos.

Cuando vivimos en San Francisco de Paula, en vida de mi padre, tuvimos una pareja de perros, de los que llamaban "policías", aunque no eran pastores alemanes. Dany y Diana eran buenos cuidadores y cazadores de ratones como ninguno.

Después de nuestro regreso de Estados Unidos, siempre nos acompañó algún animalito. Tuvimos peceras, loros, criamos gallinas, pero los recuerdos imperecederos los dejaron los perros.

En los finales de 1960, compré una perrita de pelo acaramelado, tan dulce como su color y fiel hasta su muerte. Esta sobrevino dos o tres años después, luego que sacó de debajo del escaparate una tapa donde se había colocado veneno para ratones.

Acudimos a un veterinario que vivía frente a casa, quien la examinó, inyectó y nos orientó que le diéramos mucha leche, cuidados que no pudieron salvarla. A pesar de los que debieron ser atroces dolores, Tati no hizo escándalo ni agredió a nadie, solo se puso finalmente a los pies de la cama de mi mamá y murió tan tranquila como vivió.

La pérdida de mascotas nos deja siempre sin un pedazo de alma y ese fue el caso con Dany y Diana, primera pareja de perros policía que tuvimos en San Francisco de Paula. Luego fue Tati y después de casada, tuve a Princesa, perra pastora que trajo mi esposo de Artemisa, donde era jefe del puesto de la Aviación Agrícola.

Princesa fue longeva, pues murió de 15 años. Se acostumbró a las sobras o lo que le preparara mi madre, aunque debió extrañar la piltrafa que constituía el grueso de su dieta en la unidad militar donde la recogieron cuando tenía seis meses, después de haber sido apresado su dueño por espionaje contra el gobierno cubano.

En ese tiempo las sobras de la comida nuestra no eran nada de lo que necesitaba un animal como Princesa, por lo que al abrir una pescadería en la esquina de nuestra cuadra, mi madre vio los cielos abiertos. Parte de las sardinas y merluzas que se compraban eran la base de un engrudo que mi madre hacía en olla de presión con boniatos y leche en polvo rusa que vendían en lata para la perra.

Una vez que regresaba mi madre de la pescadería donde compraba pescado para hacerlo en olla de presión, se le cayó una pieza congelada y vio como Princesa la cogió al vuelo y la devoró rápidamente. "Ah, exclamó mi madre a la perra, me alegro mucho que te guste el pescado congelado, porque ya no tendré que hacerte el engrudo."

Esa perra cometió un solo crimen, del cual no se le puede culpar del todo. Amarrada para que dejara al albañil trabajar tranquilo en la reparación de la casa, mi mamá le dio un jugoso hueso para entretenerla. Nunca pensamos que mi hija, en un descuido nuestro, fue directamente a donde se contentaba con su hueso y quiso quitárselo.

Con dos años y medio, la cabeza de la niña habría cabido cómodamente en la boca de la perra que sólo pretendió asustarla enseñándole sus afilados dientes. Al levantar su carita asustada, sin embargo, uno de los colmillos la hirió en la mejilla, marca luego suavizada con una cirugía, pero que le recuerda hasta hoy a mi hija la consecuencia de su imprudencia. Pudimos comprobar que la perra no tenía rabia y aunque la dejamos en Zoonosis dos semanas, la traje de vuelta a casa por la pena que me dio su aspecto en ese lugar de detención.

Princesa tuvo un único parto de seis machos, cuatro de su mismo color, uno negro y otro blanco albino, que enseguida provocaron solicitudes de vecinos, familiares y amigos. Cuando viajamos a Moscú la dejamos a cargo de mi hermana y una vecina, y ya casi ciega, murió justo antes de nuestro regreso definitivo en 1986.

Al finalizar la misión en Londres, mi hermana menor me regaló otra pastora muy parecida a la anterior, a la que también bautizamos Princesa.

Como ya había hablado en mi trabajo que queríamos un perro, una amiga mía se apareció con una simpática ratonera a la que nombré igual que a mi amiga, Susy.

Las dos hembras, en la medida que fueron creciendo, mostraron diferentes temperamentos. La pastora, guardiana y dócil, tenía como cara opuesta de la moneda canina, a la vivaracha y voluntariosa ratonera. A esta nunca le importó que Princesa la aventajara en tamaño y fuerza, ella era la primera en comer y muchas veces, no daba oportunidad a su compañera.

De esta Princesa quisimos tener descendencia y buscamos lindos ejemplares para cubrirla. Quizás por celos de la que podía tener novio, Susy se volvió agresiva contra la pastora hasta que después de una pelea de la que fue difícil separarlas, regalamos a Susy a un vecino de la acera de enfrente.

Tal era la animosidad de Susy, que en un descuido del nuevo dueño, ella atravesó la calle hasta mi casa para agredir nuevamente a Princesa.

El primer candidato de pareja para la pastora era tan hermoso en peso y estatura, que la pobre Princesa por poco queda aplastada bajo ese gigante. Luego apareció otro más esbelto y de ese parto tuvo dos cachorros, uno gris y otra negra, solicitada esta última por la familia del novio.

Sin embargo, nuestra inexperiencia y la protección excesiva de Princesa, la hembra fue ahogada con su pelaje y el peso de su cuerpo. El macho acaparó para sí toda la leche de su madre y se convirtió en un hermoso ejemplar de su raza, por lo que le llamamos Simba, tomado de la película El Rey León, heredando su misma nobleza y la fidelidad sin límite a nuestra familia, cosa que probó en repetidas ocasiones.

Al llegar a la adultez, menos de un año después de su nacimiento, Simba montó a su madre, de cuyo apareamiento, Princesa dio a luz tres machos y una hembra, a la que pusimos Shakira. Quizás por la liga genética equivocada, Shakira era inquieta y traviesa, por lo que decidimos regalarla a una persona que vivía en las afueras de La Habana.

Por distintos problemas de salud, pedimos que durmieran a Princesa, quien ya contaba tres partos y 12 años de edad. Simba y toda la familia la extrañó durante muchos días, hasta que entró en nuestras vidas un pequinés que nombramos Jerry. Esa raza suele tener mal humor, aunque este ejemplar era simpático y se dio a querer enseguida.

Simba soportaba con estoicismo sus juegos y maldades. Sólo cuando se aburría o se molestaba, ponía su gran pata sobre el pequinés sin causarle daño, sólo para que supiera que era suficiente y debía tranquilizarse.

Pero el defecto imperdonable de Jerry fue ser un generador sin límite de garrapatas, al punto que hubo que fumigar la casa porque ya caminaban por las paredes, constituyendo un riesgo de salud. No importaba los remedios que se usaran para el control de esos arácnidos, éstos seguían reproduciéndose.

Los pequineses son portadores de garrapatas, pero no se enferman por ello. El que sí estaba en riesgo era Simba, quien pudo sobrevivir la primera crisis de la infección, pero fue víctima de la segunda y definitiva que le causó la muerte. Sufrimos con él y lloramos su partida. Hoy se encuentra enterrado en el jardín frente a la casa. Regalamos a Jerry, pero la doctora que lo adoptó y dice haberlo curado, no pudo impedir que se escapara y no supimos más del destino que corrió.

A pesar de esa experiencia, ahora tenemos a otro pequinés que lleva por nombre Max. Al conocer de él por correo electrónico desde Santo Domingo, el más reciente destino al que me llevó mi trabajo de Prensa Latina, de 2010 al 2012, dije a mi hija que su nombre completo debía ser Max Garrapatas.

Esta familia ha sido tradicionalmente canina, es decir que los gatos no han sido bienvenidos a incorporarse. Ejemplos de sus maldades sobran, como el día que nos habían regalado salmón ahumado canadiense, que adornaba una mesa montada en el patio con cubiertos, copas y platos de los que se sacan sólo en días de fiesta. Familiares e invitados estaban por ocupar sus puestos cuando una gata, con la destreza de una malabarista, saltó a la mesa y se llevó consigo el salmón, sin tumbar una copa, un cubierto ni un plato.

Pero todo cambia y siendo nosotros guardianes de fauna y flora, una gatica abandonada por su madre, a quien mi yerno salvó de un iracundo vecino, fue alimentada hasta que saltaba y echaba carreras con Max. Casi con nudos en la garganta, dejamos a Pichulina en el amoroso regazo de una anciana, madre de un compañero mío de trabajo.

AMIGOS PARA SIEMPRE

Una persona con buenos amigos puede considerarse afortunada, pero alguien con amigos para siempre tiene un tesoro invaluable. En este último caso me incluyo.

Mi kindergarten o pre-escolar y la escuela primaria a los que asistí estaban muy cerca de casa. El primero estaba a una cuadra de distancia y la segunda, apenas cruzando la calle.

En la Escuela Activa, dirigida por Alberto Maitín y su esposa, Julieta, surgieron mis primeros amigos: los hermanos López, Samuel y Héctor, quienes vivían en el 310 de Santos Suárez, frente a mi casa, así como Silvio Castro, Fernando Carr, Norma Gutiérrez, Georgina Jiménez y otras dos hermanas que vivían en la calle Gómez, entre Santa Emilia y Zapotes, fueron los más cercanos en esa época.

Por azar del destino, nos encontraríamos Samuel López, Silvio Castro, Fernando Carr y yo en la Universidad, cuando los tres iniciamos estudios de Ciencias Políticas, luego de aprobar el examen de ingreso y un curso preparatorio de un año de esa carrera en 1963. Digo por azar, porque nuestros rumbos tomaron cursos muy distintos en la década que dejamos de vernos.

Primero, porque mi familia se mudó a San Francisco de Paula y luego de la muerte de mi padre, me llevaron con mi tía a Estados Unidos, donde residí cinco años. Después de la Escuela Activa, Samuel y Héctor estudiaron el bachillerato en el Instituto Edison, en tanto Silvio lo hizo en el de la Víbora. Como muchos otros jóvenes, Silvio participó en la lucha clandestina contra la dictadura de Batista.

Después de graduarnos en 1969 en la Universidad, encontré nuevamente a Samuel en el CECE (Comité Estatal de Colaboración Económica), luego en el Ministerio de Turismo, mientras Silvio trabajó en el MINREX y luego en la Asamblea Nacional del Poder Popular y Fernando Carr, actualmente un escritor reconocido en temas históricos.

De la etapa de la FEU y el Instituto de Ciencia Animal, conocí a José Rebellón, quien además de ser mi jefe por ocho años, jugó roles de padre, tutor, padrino de boda y amigo verdadero en todas las épocas. De los años del ICA también perduran mis lazos con Celia Labora y Georgina Chabau, aparte de Vilda Figueroa, Teresita Zambrana y sus respectivos esposos. Georgina está casada con Fity de Cárdenas, médico de la primera graduación a la que asistí en el Pico Turquino y buen cirujano ortopédico que operó a mi madre de una rodilla, aunque seguramente él no lo recuerde.

De la época universitaria se añadieron a mi lista de amigos Aramís Aguiar, Juan Martín, Ana Mildred Vidal, Heriberto Feraudy, Amy Coombs, Aurora Gramatges y Enzo Infante. De todos ellos, Aramís, Juanito, Amy y Aurora también fueron asignados a trabajar en Prensa Latina. Aunque algunos no siguieron en la Agencia, en mayor o menor medida, sobre todo con Aramís, mantengo un vínculo de confesiones mutuas y seguimos en contacto hasta hoy. Luego de jubilado de las Fuerzas Armadas, Enzo, fallecido recientemente, trabajó como revisor y colaborador en Negocios en Cuba.

De Ciencias Políticas, pero un año después del nuestro, llegaría a trabajar en Prensa Latina Raúl Fernández. Él había iniciado la carrera en mi grupo, pero luego perdió un año por otros compromisos y continuó al siguiente.

Raúl, a quien llamábamos cariñosamente "mulato de salón" por sus atractivos para las mujeres, ocupó la dirección de la revista Cuba, publicación editada por Prensa Latina y en 1980 tomé su lugar en Moscú, donde representaba a PL en el consejo de dirección de la revista Cuba en Ruso (Kyba). En los años 90, Raúl decidió emigrar para reunirse con su esposa en Estados Unidos, pero como él mismo confesó durante unas vacaciones que nos vimos en La Habana, a los que permanecieron en Miami se les detuvo su reloj mental y viven en los años 50, por lo que Raúl no encajaba en ese ambiente.

Años más tarde supe que se había separado de la esposa y había trasladado su residencia para Santiago de los Caballeros, en la República Dominicana y aunque no nos hemos visto más, mantenemos viva la amistad de antaño.

En Ciencias Políticas, las ocupaciones de los que éramos trabajadores y las urgencias de una revolución acechada, hicieron que nuestros estudios se alargaran durante seis años, en lugar de los cuatro normales, lo que también permitió extender y fortalecer los lazos de amistad. Durante el trabajo en Prensa Latina se establecieron otros lazos. Algunos conocidos de la Universidad, como Héctor Danilo Rodríguez, Marta Denis (ambos de la carrera de Historia) y Susana Ugarte, a quien conocí en eventos organizados por la FEU y la UJC, integrarían mis amistades desde entonces.

El primer colectivo en el que me sentí profesionalmente realizada fue el de la Redacción Económica. El mexicano Carlos Sánchez nos enseñó a todos el ABC del periodismo económico, la macroeconomía, los alcances de las empresas transnacionales y cómo las potencias se recuperaban de sus crisis a costa del endeudamiento y el saqueo de las riquezas del Tercer Mundo. Nuestras discusiones y divergencias de opinión nunca hicieron mella en una afinidad forjada en la honestidad de nuestro criterio profesional.

En el Centro de Estudios de la Economía Cubana (CEEC), fuente de colaboradores de "Negocios en Cuba", algunos de estos economistas trascendieron el ámbito profesional y son buenos amigos hasta hoy, como Hiram Marquetti, Everleny Pérez y Juan Triana.

En 1975, Danilo me invitó a participar en un proyecto literario que había concebido primero para el Concurso 13 de Marzo, convocado por la Universidad y que en definitiva fue creciendo en tamaño y alcance hasta presentarlo como una investigación histórica al Concurso 26 de Julio del Ministerio de las Fuerzas Armadas de 1976,

donde ganó premio con el título: "Los países sub-
desarrollados frente a Estados Unidos (1970-
1975). Danilo emigró con la familia a finales de
los '90 hacia Estados Unidos, pero como con
Raúl, cultivamos en la distancia los buenos recuerdos de nuestra amistad.

En cuanto a Susana, su trabajo como analista
de información en PL, junto al brasileño Aroldo
Wall, callado, leal y defensor de esta Revolución
hasta su muerte, la preparó para su tarea más
difícil: dirigir la Redacción Nacional de la agencia durante los días convulsos de la llamada "crisis de los balseros". Nuestra amistad se consolidó por aquellos días, cuando asistimos juntas a
conferencias y buscábamos la información pre-
cisa de economistas amigos que evaluaran los
procesos que se dieron en el antes "bloque de
países socialistas" así como su repercusión en el
ámbito nacional. A la sazón, yo dirigía la Redacción Económica, a la que se trasladaron Susana
y Leonel Nodal cuando se inició el proyecto de
"Negocios en Cuba."

A pesar de la camaradería que me unió a Leonel, las relaciones entre nosotros se fueron apagando como una vela. Y aunque nuestras familias nunca estuvieron tan cerca como cuando sobrevino la tragedia del accidente en el que perdió a su hijo, su nieto y su suegra, este evento lo
apartó eventualmente de quienes éramos sus
mejores amigos.

En Negocios trabajaron también Aurora Mas-
poch (Muzzy), Marta Barés, Oria de la Cruz y los
diseñadores Nelson Delgado, Quique y Mayito,

quienes contribuyeron con su creatividad al éxito de Negocios y a nuestra unidad como colectivo. El alejamiento por ocupar distintas corresponsalías, hizo que los vínculos entre Susana y yo se fortalecieran y se unieran nuestras respectivas familias en los buenos y malos momentos. En tiempos cuando ni siquiera sospechaba el rumbo periodístico que tomaría mi vida, nació otra amistad de larga data: Graciela Hernández, quien cubría noticiosamente la Universidad y la FEU para Prensa Libre, La Calle y luego Radio Reloj. Por mis conocimientos de taquigrafía, Graciela me pidió ayuda un día para tomar las declaraciones en el juicio contra "Marquitos", traidor que delató a Fructuoso Rodríguez, Juan Pedro Carbó Serviá y Machadito, asesinados en 1957 por los sicarios de Batista. Mis notas sirvieron a Graciela y otros reporteros allí presentes. Meses más tarde, durante una de las visitas de Fidel a la Universidad, éste saludó a Graciela y al verme a su lado, reconoció mi presencia en aquel juicio.

En el barrio también surgieron amistades convertidas en familiares como los de propia sangre. Algunos ya no están como Marta Hernández, Rosendo Regalado, Lucita, su esposo Casacó, las hermanas De Brosse, Mery y Jorge Roque. Verdaderas hermana e hija han sido Teresita Hernández y María Elena Duarte, cuyas familias extendieron la mía hasta hacer del grupo una verdadera comuna.

Son seres que corren por uno en tiempos de emergencia, aunque a veces no puedan asistir a las actividades festivas, esos son los imprescindibles. En el tema de la amistad y la relación con familiares lejanos, como dice una canción, hace falta construir un puente que ponga el amor, la amistad, el país y la familia por encima de todas las diferencias y obstáculos creados por otros.

A LA MESA

En estos tiempos de vida acelerada, la antes sacrosanta costumbre de reunir a la familia a la hora de comer se ha deteriorado al punto de casi desaparecer. Y lo digo por el caso de mi propio entorno, que no se diferencia de los hogares promedio en Cuba.

Están los que quieren comer frente al televisor, al lado del teléfono, tomar el alimento antes o después del resto y ni hablar del desayuno, porque todos están apurados por ir a sus quehaceres cotidianos.

Sin embargo, como defiende mi amiga Celia Labora, esa tradición debe mantenerse al precio que sea necesario, buscando alternativas, cambios de horario que le acomoden a la mayoría. Incluso los fines de semana y vacaciones, cuando los hijos se van apartando de los padres para formar sus propias familias, es preciso mantener la unión.

En la mesa se produce el necesario intercambio de experiencias y problemas que enfrenta cada miembro, al tiempo que se escuchan las opiniones y consejos de los demás. El que no encuentra solución inmediata a sus problemas, se siente apoyado.

En esta época de Internet y la posibilidad de comunicarse en tiempo real, también las llamadas y los mensajes por esta vía pueden suplir el contacto directo, aunque solo éste tiene la fuerza de resolver las dificultades mayores que enfrentan las personas amadas.

No alcanzo a comprender cómo hay padres e hijos que dejan pasar años sin saber unos de otros, hasta que no los sorprende la noticia que nadie quisiera recibir: la muerte de alguno de ellos que impide ese último perdón o reconciliación por pasados resquemores.

En tiempos de mis padres cuando eran niños, nadie cenaba si no era en la misma mesa. Era inconcebible que no se supiera el porqué de la ausencia de alguno de sus miembros. También se consideraba un insulto, sobre todo en el concierto de una familia pobre, que alguno rehusara lo que se sirviera a la mesa. En los tiempos actuales, estas reglas parecerían demasiado estrictas, pero garantizan el necesario intercambio espiritual, aunque la dieta no sea muy "balanceada".

Capitulo II: Consejos de vida

ELSY FORS

DEL TRABAJO

Desde nuestros más remotos ancestros, la especie humana evolucionó gracias al trabajo, diferenciándose del resto del reino animal por la fabricación de instrumentos para cazar, pescar, sembrar, así como la manufactura de ropa y calzado, vajilla y adornos.

Otros sintieron la necesidad de pintar lo que sucedía a su alrededor, como las guerras, los animales que cazaban, los rayos, el fuego y su vida en común. El uso de las manos en estas labores fue ampliando las funciones y el potencial del cerebro humano.

Hoy, sin embargo, en muchas ocasiones no se le da la debida importancia al rol del trabajo en nuestras vidas. Los mantenidos por la familia o cónyuges ni siquiera piensan en el trabajo. Otros sienten la necesidad de trabajar porque es fuente de dinero para pagar la vivienda, los alimentos, la electricidad, el agua, la ropa y los servicios que consumimos.

Y aunque todo esto es muy necesario, esa forma de ver el trabajo y más si se hace sin gusto ni orgullo, las personas con ese enfoque llegan a sentir aversión por lo que hacen, lo cual baja su autoestima y genera depresión en ellos.

Escoger una ocupación que satisfaga al individuo debe ser una prioridad para los jóvenes que arriban a la edad laboral. Es preciso que la persona conozca cuáles son sus fortalezas, pero también reconozca sus limitaciones, pues a veces es mejor ser cabeza de ratón que cola de león. Recuerdo que en mis primeros años en Prensa Latina, no tenía definida mi vocación por el periodismo. Sin embargo, hubo quienes vieron ese potencial en mí.

Por el contrario, una amiga que estudió conmigo la misma carrera en la Universidad también comenzó a trabajar en la Agencia y al enfrentar su primera evaluación, le recomendaron que escogiera otro camino porque lo de ella no era el periodismo. Me pareció cruel e injusta la decisión de la dirección del centro en ese momento, pero en el transcurso del tiempo yo y sobre todo, la interesada, comprendimos que le habían hecho un favor al permitirle encontrar su verdadera vocación en la dirección política de las Fuerzas Armadas.

Padres, familiares y amigos pueden sugerir vías a seguir, llevar al ser querido hasta la puerta de elección, pero sólo los interesados transitarán el camino escogido. En ocasiones incluso se pueden hallar vías alternativas para luego alcanzar la meta deseada, como por ejemplo, aceptar una carrera y luego cambiar para aquella que satisface realmente las aspiraciones de la persona.

Por experiencia propia, aunque estudié secretariado en un inicio, siempre estuve segura que esa ocupación era una etapa inicial que sirviera de plataforma para un proyecto ulterior.

Una vez seleccionada la ocupación deseada, busque trabajo en los lugares relacionados con esa esfera. Vaya bien vestido, sin ostentación. En el caso de los hombres, de cuello y corbata y de las mujeres, un traje de saya y chaqueta que dé al empleador la impresión que usted prestigiará su empresa o institución.

En cuanto a las preguntas que deba contestar, hágalo con seguridad y cortesía. Muestre que usted es la persona indicada para el puesto que se le ofrece y tiene solidez en sus conocimientos para emprender otras tareas. En ocasiones, conviene mostrar ejemplos de trabajos realizados o referencias de otros centros.

No desmaye en su propósito si no encuentra de inmediato el trabajo deseado. Sígalo intentando, incluso si tiene que asumir otras tareas para mantenerse económicamente.

Un diseñador amigo mío cuando emigró, empezó arreglando anaqueles en un supermercado, luego pasó a una inmobiliaria donde trabajó en el encablado eléctrico de edificios porque se atrevió a ello sin haber estudiado para acometer esa tarea. Al final encontró la ocupación idónea como director artístico de una publicación.

Por sencilla y modesta que sea la labor que realizamos, lo importante es amar lo que uno hace, sentir orgullo y pertenencia, porque nos prestigia como ser humano.

DEL AMOR

El amor es inherente a todos los seres humanos, aunque éstos lo expresen de maneras tan diferentes como culturas y etnias hay en el mundo.

Este sentimiento también cambia según la edad, por lo que es bueno identificar la forma que asume en la infancia, la adolescencia, la juventud y la vejez, aunque muchas personas erróneamente creen que el amor no existe en el ocaso de nuestras vidas.

En los primeros años de vida, el bebé da amor a los padres, como también lo recibe de estos. Este sentimiento se basa en los olores, en el tono de las voces de aquellos que lo cargan y atienden sus necesidades, que le brindan protección.

Claro, hay padres que no están emocionalmente aptos para esta función. En algunos casos, las nuevas obligaciones crean aversión y violencia en madres y padres, muchas veces adolescentes, que no entienden el comportamiento infantil ni cómo lidiar con los problemas cotidianos a los que se suma la atención a los hijos.

Las parejas disfuncionales pueden dar cabida también a desviaciones del amor que sienten por los hijos, transfiriendo la atracción sexual por la pareja hacia los menores. El abandono del hogar por uno de los padres también puede crear traumas en los hijos, pero estos se pueden prevenir si se mantiene el vínculo con los menores y no se les inculca conductas de rechazo a la parte que salió del hogar.

Los comportamientos inadecuados de los padres salen a flote años más tarde, reproduciendo en los hijos las conductas desviadas de los padres.

El tema tan tratado en novelas, cuentos, el teatro y el cine, ensayos, obras musicales y pictóricas, nunca será suficientemente abordado porque es el sentimiento que más nos enaltece y es el antídoto más eficaz contra el lado oscuro del comportamiento humano.

Desde mi experiencia personal, la búsqueda de pareja puede tener paradigmas diferentes: físico, espiritual, inteligencia, sociabilidad, pero también la afinidad o "química" para darle una mínima posibilidad de concretarse una unión.

Muchos confunden la pasión con el amor. Se puede ser apasionado y no sentir amor por la persona objeto de esa atracción. Y no es que el amor no genere pasión, por el contrario, es el nivel más excelso de ese vendaval emotivo.

El amor no es egoísta ni celoso, aunque a veces los amantes se confundan, manifestándose posesivos o inseguros del amor de su pareja. Estas últimas sensaciones pueden dar lugar a la violencia y aunque los adictos a ella a veces la defienden, diciendo que el final de reconciliación los satisface más que una sesión normal de sexo, esto no forma parte del amor.

Hay parejas que persisten en alternar sesiones de violencia con otras de perdón y sexo, pero no es aconsejable ni es bien visto siquiera por los que siguen el proverbio de "entre marido y mujer nadie se debe meter."

Aunque se siga el dictado del corazón y la razón, incluso si se cumplen los ingredientes de una pareja etiquetada "perfecta", esta no existe. Se trata de una complicada combinación de amor, renuncia y perdón. Si la mezcla tiene éxito, son muchos los ejemplos de matrimonios o uniones longevas.

Y cuando me refiero a la unión no pienso que su legalización sea determinante para durar más o menos tiempo. En muchos países se reconocen ya como formales las uniones consensuales, otorgándoles los mismos derechos a la mujer y a los hijos de tales uniones.

Recomiendo a los amantes compartir sus afectos en este campo con la realización profesional o simplemente el trabajo, con los hijos si se tiene la suerte de tenerlos y con la familia. En caso de una ruptura de la pareja y si esta es definitiva, sus integrantes pueden buscar apoyo en los demás componentes de su vida.

A los jóvenes les aconsejo que disfruten al máximo esa etapa de nuevas sensaciones, con la debida precaución para no tronchar su proyecto de vida, que no se apresuren en buscar su "media naranja" o cumplir sus deseos de ser padres, que persigan sus sueños sin ataduras, por dulces que estas sean.

Por otra parte recomiendo a los padres, que tampoco se apresuren en buscarle a los jóvenes carreras y parejas a su gusto, creyendo que es lo mejor para sus hijos. Es preciso dotarlos de las herramientas racionales y de principios que los conduzcan a elegir correctamente. Casi siempre el "gardeo" a presión da resultados opuestos a los deseados.

No hay nada malo en que una pareja decida volver después de una separación, como tampoco en tener fantasías amorosas, siempre que sea la decisión de ambos y no dañen a terceras personas.

Una de las virtudes que se busca mayoritariamente en la pareja es la lealtad. Sin embargo, esto no siempre significa que no haya amor en el que engañe a su pareja. No está descartado que esto ocurra en la vida moderna, pero cada cual debe aplicarse el dicho de: "no hacer a otro lo que uno no quiere que le hagan a uno".

Tampoco es difícil equivocarse con la primera pareja. Por ser una decisión que involucra a otras personas más que a uno, es recomendable reflexionar antes de romper una unión e iniciar otra. A veces en la separación influye el cambio de trabajo, de circunstancias que antes coincidieron en acercar a la pareja y ya no existen.

Si hay hijos por el medio, recuerde que se separa de su cónyuge y no de los hijos de ambos. Por el contrario, los menores requieren de mayor atención que antes.

Por último, en la vejez también hay amor porque somos seres sexuados y hay muchas maneras de expresar este sentimiento hasta el último suspiro. Los jóvenes deben respetar ese sentimiento en los adultos mayores y no considerarlo ridículo, aunque solo sea porque ellos llegarán también a esa etapa de la vida.

DEL DINERO

Los adoradores de este factor ineludible de nuestras vidas que es el dinero, esgrimen la defensa de un atractivo anuncio bancario que decía: "El dinero no trae felicidad, pero ayuda a sufrir en París."

Claro que toda persona sueña tener todas sus necesidades y las de su familia satisfechas, dejarle a sus descendientes un patrimonio, pero el comportamiento humano tiende siempre a querer superar sus propias expectativas.

Muchos humanos acaudalados con bienes "para comer y para llevar", darían lo que fuera por tener salud, o amor, una familia o amigos verdaderos que lo sean en los buenos y en los malos tiempos. Lo que importa es el orden de prioridad que este factor ocupe en nuestras vidas.

A veces la satisfacción que sienten las personas realizadas profesionalmente con su trabajo, pone en segundo plano la remuneración que reciben. Un médico siente más amor por su profesión cuando salva las vidas de sus pacientes, como los ingenieros y arquitectos crean obras que los harán orgullosos de su trabajo porque dejan una huella que perdura más allá de sus propias vidas.

En el campo del amor también hay personas que buscan hacer "matrimonios de conveniencia", mientras los más inteligentes no se conforman sino con el amor verdadero.

Hay personas cuya obsesión por acumular más dinero y poder les impide disfrutar de lo verdaderamente importante y gratuito, como lo pueden ser respirar el aire de mar, beber de un manantial, oler el perfume de una flor, jugar con sus hijos, apreciar la buena música o emocionarse con una pintura, una puesta de sol o un amanecer junto al ser amado.

Nada de lo antes dicho impide que los trabajadores luchen por obtener mejores salarios, ni que los padres y madres se esfuercen por mejorar las condiciones de vida de sus familias. Por todo esto es preciso aprovechar todas las oportunidades que nos brinda el corto espacio que nos toca vivir para disfrutar nuestro trabajo, el amor, la familia y la naturaleza.

DE LA SUERTE

Muchas personas acostumbran a quejarse de su mala suerte en la vida. Y siempre he pensado que, con excepción de accidentes o enfermedades que provoquen la muerte de seres queridos, la mayoría de las veces el problema real que aqueja a los humanos es el no percibir o no arriesgarse a aprovechar las oportunidades que la vida les presenta.

Ejemplos de estas oportunidades incluyen ofertas de trabajo, posibilidades de estudio, amores que tocan a nuestra puerta, pero que una ceguera, quizás hasta momentánea, de la personalidad impide al sujeto alargar su mano para aceptarlas.

En mi experiencia personal, por ejemplo, sucedieron encrucijadas en mi vida cuando debí escoger si tomar la oportunidad o seguir el mismo camino que llevaba. Reconozco que esas decisiones se hacen más difíciles con la edad, pero siempre se debe hacer, mentalmente o por escrito, una lista de los pros y los contras, o incluso seguir nuestros propios instintos.

También se me han presentado señales falsas al tomar una decisión, pero estos errores deben ayudar a no tropezar con la misma piedra en otra ocasión. Una cosa distinta son los sentimientos, sobre los que uno se confunde a veces, dejándose llevar por la pasión, hasta reconocer que tomamos la ruta equivocada. Cambiar el rumbo no es fácil, pero muchas veces no hacerlo trae consecuencias peores.

En cuanto a la suerte con respecto al dinero, es preciso recordar que los juegos de azar para las personas que carecen de lo esencial para vivir es un asidero de que pueden ser favorecidos algún día por un golpe de suerte, pero salvo los casos de jugadores compulsivos, casi siempre los que más tienen para derrochar son menos proclives a tirar sus riquezas en una apuesta o una mesa de casino.

La fortuna está mucho más cerca de nosotros de lo que se piensa. Para el laborioso y emprendedor, un pequeño negocio que pueda seguir creciendo; para el innovador, patentar un descubrimiento o cambio en un proceso industrial, que le proporcione la satisfacción y el orgullo de la realización personal. El "cazafortunas", sin embargo, persigue una ilusión que no tiene bases reales para materializarse.

LLEGAR A VIEJO

No siempre la vejez es condición "sine qua non" de los que han vivido muchos años. Muchos jóvenes son viejos de mente. Una canción cubana dice que "joven ha de ser quien lo quiera ser" si se atribuye juventud al espíritu de las personas que denotan alegría de vivir y empuje vital para seguir adelante.

Una amiga mía dice que todo estaría bien si la vejez no doliera. Y también tiene razón, pero hay atenuantes para los cambios desagradables que trae la llamada "Tercera Edad" (demográficamente se considera en esta clasificación a los mayores de 60 años, aunque esta etapa ha ido evolucionando a los de 65 o más).

En primer lugar, el envejecimiento es un proceso que comienza con el nacimiento. De jóvenes, nadie piensa en la invalidez por accidentes, ni en enfermedades y mucho menos en la muerte. No obstante, debemos enfrentar ese proceso y tomar previsiones desde la primavera para cuando llegue el invierno de nuestras vidas.

Todos somos reticentes a reconocer los cambios fisiológicos de la edad, pero por lo mismo hay que aceptarlos y prepararnos para frenarlos lo más posible. Con los avances de la medicina y el mayor conocimiento sobre las transformaciones de nuestros cuerpos, hay formas de retrasar o atenuar el deterioro.

Algo que debía incorporarse a los genes humanos, son los buenos hábitos alimentarios. Un sinnúmero de investigaciones indican que los alimentos que ingerimos determinan el retraso o el aceleramiento de todos los síntomas y evidencias de la vejez. Claro que la disponibilidad de una dieta balanceada depende del poder adquisitivo de la persona, pero también del conocimiento sobre lo que es bueno o dañino para el organismo.

La perspectiva de una vejez saludable depende en gran medida de lo anterior y de que la persona abandone los excesos en comida, bebida y el tabaquismo. Es preciso convencerse que solo así podrá alargar su actividad útil, porque no obstante lo que piensen los pesimistas, hay muchos que todavía necesitan de nuestros consejos. Incluso las enfermedades crónicas que pueden aparecer en la adultez, como la diabetes, las afecciones cardiovasculares, de los sistemas respiratorio, digestivo y suprarrenal, la caída de los dientes, pueden relacionarse con las buenas o malas prácticas alimenticias.

La piel es una de las partes de nuestro cuerpo que tiende a revelar primero la edad. Esto es más notable entre las personas que han trabajado mucho tiempo al sol, como los pescadores y los campesinos de cualquier color o textura. Evitar largas exposiciones a los rayos ultravioleta del sol y el uso de lociones protectoras e hidratantes, están entre las acciones recomendables para retrasar la aparición de arrugas y el resecamiento de la piel.

La despigmentación o salida de las canas, la caída del cabello se relacionan con predisposiciones genéticas, pero también son influidos por los hábitos alimentarios.

Lo más difícil del proceso de envejecimiento, sin embargo, es quizás la no aceptación de su irreversibilidad. Esto, unido a cánones de la vida moderna que imponen un ritmo acelerado y una alta exigencia a la mente humana, presionan al sistema nervioso central a extremos insoportables para los adultos mayores.

No obstante, para esto también hay atenuantes como el ejercicio físico apropiado —entre ellos el sistema de ejercicios terapéuticos japoneses Kaifuku Taisoo Jutsu o el Tai-chi chino, sesiones de meditación, labores fuera de la rutina diaria como la jardinería, caminatas al aire libre, el baile, los baños de mar que ayudan a mantener un estado físico saludable y de alerta mental.

Incluso escribir sobre vivencias personales, obras de ficción, ensayos, poesía, emprender proyectos culturales en la comunidad, desarrollar la afición por la fotografía, son ocupaciones que pueden llenar la vida espiritual del individuo después de la jubilación. Otra fórmula es llevar un diario porque deja una huella a la que siempre se puede regresar para compartir entre familiares y amigos.

Aun cuando la persona ya padezca dolencias crónicas, siempre debe luchar por mantener activos el cuerpo y la mente, de acuerdo con sus posibilidades, como la mejor terapia. En fin, véndase caro a la muerte, ya que esta vendrá irremisiblemente. Sorpréndala llegando a los 100 o más con calidad de vida.

COSAS DE FAMILIA

Editorial Letra Viva©

2014

251 Valencia Avenue #0253
Coral Gables, FL 33114

www.ingramcontent.com/pod-product-compliance
Lightning Source LLC
Chambersburg PA
CBHW071005040426
42443CB00007B/664